Mindfulness für ein gesundes Gehirn

Mindfulness für innere Ruhe, klare Gedanken und Zufriedenheit

Dr. Sui H. Wong MD FRCP

© Copyright 2024 - Alle Rechte vorbehalten.

Der Inhalt dieses Buches darf ohne direkte schriftliche Genehmigung des Autors oder des Herausgebers nicht reproduziert, vervielfältigt oder übertragen werden.

Unter keinen Umständen kann der Verlag oder der Autor für Schäden, Wiedergutmachung oder finanzielle Verluste, die direkt oder indirekt auf die in diesem Buch enthaltenen Informationen zurückzuführen sind, verantwortlich gemacht werden.

Rechtlicher Hinweis:

Dieses Buch ist urheberrechtlich geschützt. Es ist nur für den persönlichen Gebrauch bestimmt. Du darfst dieses Buch ohne die Zustimmung des Autors oder Herausgebers nicht verändern, verteilen, verkaufen, verwenden, zitieren oder paraphrasieren.

Hinweis zum Haftungsausschluss:

Bitte beachte, dass die in diesem Dokument enthaltenen Informationen nur für Bildungs- und Unterhaltungszwecke gedacht sind. Es wurden alle Anstrengungen unternommen, um genaue, aktuelle, zuverlässige und vollständige Informationen zu präsentieren. Es werden keine Garantien jeglicher Art erklärt oder impliziert. Die Leserinnen und Leser nehmen zur Kenntnis, dass die Autorin oder der Autor keine rechtliche, finanzielle, medizinische oder fachliche Beratung anbietet. Der Inhalt dieses Buches wurde aus verschiedenen Quellen entnommen. Bitte konsultiere einen zugelassenen Fachmann, bevor du die in diesem Buch beschriebenen Techniken anwendest.

Mit der Lektüre dieses Dokuments erklärt sich der Leser damit einverstanden, dass der Autor unter keinen Umständen für direkte oder indirekte Verluste verantwortlich ist, die sich aus der Nutzung der in diesem Dokument enthaltenen Informationen ergeben, einschließlich, aber nicht beschränkt auf Fehler, Auslassungen oder Ungenauigkeiten.

EBH Press. EBHpress.com Copyright © Dr. Sui H. Wong, 2024

ISBN: 978-1-7385581-5-5 (Taschenbuch) 978-1-917353-06-9 (E-Book)

Hörbuch (demnächst)

VORWORT FÜR

Mindfulness für ein gesundes Gehirn

"Dieses Buch ist vollgepackt mit praktischen Ratschlägen und Erfahrungen aus der Praxis. Obwohl Achtsamkeit traditionell die Praxis ist, sich durch Meditation oder alltägliche Aktivitäten bewusst auf die Gegenwart zu konzentrieren, nimmt dieses Buch den Leser mit auf eine Reise über die alltägliche Praxis der Achtsamkeit hinaus zur Wissenschaft der neurokognitiven Forschung. Wenn du daran interessiert bist, einfach anzuwendende und sofort verfügbare Praktiken für mehr Achtsamkeit zu finden, die auf wissenschaftlicher Forschung basieren, dann solltest du dir dieses kurze, verständliche und lesenswerte Buch ansehen."

~Andrew G. Lee MD, Herb and Jean Lyman Centennial Chair of Ophthalmology Blanton Eye Institute Houston Methodist Hospital, USA

"Dr. Sui Wong ist eine brillante Ärztin, die sich der hochwertigen Forschung und klinischen Versorgung von Menschen mit neurologischen und neuro-ophthalmologischen Erkrankungen verschrieben hat. Sie hat es geschafft, ihre beiden Leidenschaften, die Neurowissenschaft und die Achtsamkeit, in ihrem Buch 'Mindfulness für ein gesundes Gehirn' zu vereinen, das die Leserinnen und Leser befähigen wird, neue Fähigkeiten zu erlernen und zu entwickeln, die ihr Leben kurz- und langfristig verbessern werden."

~Ahmed Toosy, Professor für Neurologie, UCL Queen Square Institute of Neurology; National Hospital for Neurology and Neurosurgery; Moorfields Eye Hospital, London, UK.

"Achtsamkeit ist untrennbar mit der vollen Erfahrung des Körpers verbunden. In Dr. Sui Wongs Expertise steckt die seltene Kombination aus Neurowissenschaftler, Neurologe und mitfühlendem Kliniker. Das Buch hilft dir, die verkörperte Bedeutung der Achtsamkeit in deinem Leben zu diversifizieren, und zeigt dir, wie du unabhängig von deinem

Alter, deiner Gesundheit oder deinem Lebensstil erhebliche Vorteile daraus ziehen kannst."

~ Jill Miller, Autorin von Body By Breath: The Science and Practice of Physical and Emotional Resilience, & The Roll Model: Eine Schritt-für-Schritt-Anleitung, um Schmerzen zu beseitigen, die Mobilität zu verbessern und besser in deinem Körper zu leben

"Dr. Wong bringt die Achtsamkeit von der spirituellen zur wissenschaftlichen Ebene zurück. Dieses Buch ist ein praktischer Leitfaden zur Verbesserung der geistigen und neurologischen Gesundheit und zeigt die medizinischen Vorteile dieser Technik für alle Aspekte unseres Wohlbefindens auf."

~ Prof. Guy Leschziner, Professor für Neurologie und Schlafmedizin

"Endlich - der endgültige Leitfaden zur Achtsamkeit, der darauf basiert, wie unser Gehirn wirklich funktioniert, geschrieben in Alltagssprache von einem weltweit führenden Experten der Gehirnforschung. Wenn du wirklich glücklich sein willst - lies dieses Buch!"

~ David Taylor, Autor des Bestsellers The Naked Leader, Global Business Ambassador The Kings Trust, Gastprofessorin The Open University

Inhaltsverzeichnis

EINFÜHRUNG: DIE WISSENSCHAFT DER ACHTSAMKEIT 3
    WAS UNS ZURÜCKHÄLT 4
    ACHTSAMKEIT UND NEUROPLASTIZITÄT 6
    BELIEBTE ACHTSAMKEIT 7
    MEINE LEIDENSCHAFT FÜR ACHTSAMKEIT 8

KAPITEL 1: NEUROPLASTIZITÄT ERFORSCHEN 13
    WICHTIGE SIGNALE DES GEHIRNS 14
    UMARMUNG DER PRAXIS 15
    DIE WICHTIGKEIT DER ERDUNG 16
    ACHTSAME IDEEN FÜR MEHR ERDUNG 17
        Die wichtigsten Erkenntnisse 20

KAPITEL 2: ACHTSAMKEIT UND DAS GEHIRN 23
    WAS WIR ÜBER DAS GEHIRN WISSEN 24
        Die vier Lappen 24
        Das Kleinhirn 25
        Der Hirnstamm 26
    WIE ACHTSAME PRAKTIKEN DAS GEHIRN FORMEN KÖNNEN 26
        Regelmäßige Achtsamkeit 27
    ACHTSAME IDEEN ZUR FÖRDERUNG DER GEHIRNGESUNDHEIT 31
        Die wichtigsten Erkenntnisse 34

KAPITEL 3: GEDÄCHTNIS UND ACHTSAMKEIT 37
    DIE MACHT DES GEISTES UND DES GEDÄCHTNISSES 38
        Arbeits- und Episodengedächtnis 39
        Mentales Notieren 40
    GEHIRNTRAINING FÜR DAS GEDÄCHTNIS 41
    ACHTSAME IDEEN FÜR DAS GEDÄCHTNIS 42
        Die wichtigsten Erkenntnisse 45

KAPITEL 4: STEIGERUNG DER KOGNITIVEN LEISTUNGSFÄHIGKEIT DURCH ACHTSAME TECHNIKEN 47
    DAS GEHIRN ANKURBELN 48
        Ganzheitliches Yoga 49

Achtsame Meditation *50*
Zusätzliche Meditationstechniken *51*
EMOTIONALE INTELLIGENZ 53
ACHTSAME IDEEN FÜR WACHSAMKEIT UND EMOTIONALE INTELLIGENZ 54
Die wichtigsten Erkenntnisse *58*

KAPITEL 5: STRESS VERSTEHEN - EINE ACHTSAME HERANGEHENSWEISE 61

DIE AUSWIRKUNGEN VON STRESS 62
LEBENSERFAHRUNGEN 63
ACHTSAME IDEEN ZUR STRESSBEWÄLTIGUNG 64
Die wichtigsten Erkenntnisse *66*

KAPITEL 6: WIE DU MIT TÄGLICHEN MEDITATIONEN LOSLASSEN KANNST 69

GESUNDE LOSGELÖSTHEIT 70
Grenzen der Arbeit *71*
Grenzen der Familie *72*
Grenzen des Hauses *73*
Grenzen in der Beziehung *74*
AUS DER PATSCHE HELFEN 75
ACHTSAME IDEEN FÜR GESUNDES LOSLASSEN 76
Die wichtigsten Erkenntnisse *79*

KAPITEL 7: FRIEDLICH LEBEN 81

FRIEDLICH LEBEN, NICHT PERFEKT 82
Die Beseitigung der physischen Gegenstände *82*
Abschaffung der Beschlüsse *83*
Deine Kerngruppe *83*
VERSTEHEN, WER DU SEIN SOLLST 84
Eine einfache Frage *85*
ACHTSAME IDEEN FÜR FRIEDEN UND RESILIENZ 86
Die wichtigsten Erkenntnisse *88*

KAPITEL 8: BEWUSSTES ATMEN FÜR DEN ARBEITSALLTAG 91

WAS IST ARBEIT WIRKLICH? 92
BEWERTUNG VON ARBEITSSTRESS 93
Körperlicher Arbeitsstress *94*
Emotionaler Arbeitsstress *94*
Organisatorischer Arbeitsstress *94*
JOB INSIGHT 95
BEWUSSTE ATEMÜBUNGEN 97
Ankeratmung *98*
Box-Atmung *98*
Die 4-3-7-Atmung und das zyklische Seufzen *99*
ACHTSAME IDEEN FÜR MEHR PRODUKTIVITÄT 100

Die wichtigsten Erkenntnisse *103*

KAPITEL 9: DIE VERDAUUNG UND DU - EIN ACHTSAMER ANSATZ FÜR DAS GEWICHTSMANAGEMENT **105**

ACHTSAMES ESSEN 106
GEWICHTSMANAGEMENT 108
ACHTSAME IDEEN FÜR GESUNDES ESSEN 110
Die wichtigsten Erkenntnisse *113*

KAPITEL 10: SCHLAFEN MIT FRIEDEN UND ZIEL **117**

WARUM SCHLAFEN? 118
DIE PRAXIS DES RUHIGWERDENS 120
Körperliche und geistige Aktivitäten einbeziehen *120*
Komfort finden *121*
Weg mit der Elektronik *122*
Essen und Trinken einschränken *122*
ACHTSAME IDEEN FÜR BESSEREN SCHLAF 123
Die wichtigsten Erkenntnisse *125*

KAPITEL 11: SCHMERZMANAGEMENT UND ENTSPANNUNG FÜR DEN KÖRPER **129**

DIE WAHRHEIT ÜBER SCHMERZ 130
ACHTSAMKEIT UND NEUROLOGISCHE STÖRUNGEN 131
HOFFNUNG FÜR DIE SCHMERZBEHANDLUNG 132
Körperscans zur Schmerzbehandlung *133*
Schmerz-Wiederaufbereitungstherapie *134*
ACHTSAME IDEEN ZUR UNTERSTÜTZUNG DER SCHMERZBEWÄLTIGUNG 135
Die wichtigsten Erkenntnisse *138*

KAPITEL 12: SPORTLICHE ACHTSAMKEIT **141**

DER GEIST EINES SPORTLERS 142
DIE FALSCHE VORSTELLUNG VON SPORTLICHER ACHTSAMKEIT 143
VISUALISIERUNG FÜR ATHLETEN 145
ACHTSAME IDEEN FÜR KÖRPERLICHE LEISTUNG 147
Die wichtigsten Erkenntnisse *150*

KAPITEL 13: ACHTSAM ERZIEHEN **153**

ACHTSAME STADIEN 154
Achtsamkeit für Kleinkinder *154*
Achtsamkeit für Kinder *155*
Achtsamkeit für Erwachsene *156*
REALISTISCHE ERZIEHUNGSSTANDARDS SETZEN 156
DIE BEDÜRFNISSE EINES ELTERNTEILS 158
Pausen machen *158*

    Die wichtigsten Erkenntnisse *159*

KAPITEL 14: ACHTSAMKEIT IN JEDEM ALTER **163**
    Der Geist eines Kindes 163
    Altern mit Anmut 164
    Achtsamkeit aufrechterhalten 165
    Was deine Zukunft bereithält 166
        Die wichtigsten Erkenntnisse *167*

FAZIT **171**
    Was steht als Nächstes für dich an? 171

ANHANG **176**

GLOSSAR **177**

REFERENZEN **181**
    Bilder Referenzen 190

Dieses Buch ist meiner Mutter und meinem verstorbenen Vater gewidmet.

Einführung:

Die Wissenschaft der Achtsamkeit

Hast du manchmal Tage, an denen du dich mit deinem Leben unzufrieden fühlst? Tage, an denen diese kritische innere Stimme sagt: "Du bist nicht gut genug"? Ertappst du dich dabei, dass du dich mit anderen Menschen, Freunden, Familienmitgliedern oder Arbeitskollegen vergleichst und denkst, sie hätten das Leben gemeistert? *Warum kannst du nicht so sein?*

Die sozialen Medien haben dazu nicht beigetragen, denn sie geben uns einen stark gefilterten Einblick in das Leben anderer. Das betrifft nicht nur Kinder und Teenager, sondern alle Altersgruppen. Wenn wir ständig geschönte Fotos und Videos sehen, die zeigen, was andere Menschen tun, kann es schwer sein, daran zu denken, dass das, was andere Menschen tun, nicht unbedingt auf unser eigenes Leben zutrifft. Außerdem ist das, was wir sehen, nur ein Schnappschuss - ein Moment in der Zeit.

Du denkst vielleicht, dass du die einzige Person bist, die das tut, aber die Wahrheit ist, dass du nicht alleine bist. Wir alle sind auf soziale Vergleiche ausgerichtet. Indem wir uns in gesellschaftliche Gruppen einordnen, schaffen wir uns ein Gefühl der Selbstdefinition. Es hilft uns dabei, einige der wichtigsten Fragen zu beantworten, die wir uns selbst stellen: Wer bin ich? Wer will ich sein? Aber das ist nur bis zu einem gewissen Grad wertvoll. Ständige negative Vergleiche können zu Unzufriedenheit und Gefühlen der Unzulänglichkeit führen und sich mit der Zeit negativ auf unsere emotionale Gesundheit auswirken.

Wenn ich über meinen Weg zum Neurologen nachdenke, wird mir klar, dass Erfolg, vor allem in wettbewerbsintensiven Bereichen wie der Medizin, oft eine Mentalität der Knappheit begünstigt. Als ich mich um die Zulassung zum Medizinstudium bemühte, strebte ich danach, akademische Höchstleistungen zu erbringen, weil ich der Meinung war, dass nur wenige Plätze zur Verfügung standen. Außerdem war ich ein

Sorgenmacher. Diese Denkweise führte dazu, dass ich mich ständig mit anderen verglich und mir Sorgen über negative Ergebnisse machte. Ich habe die schädlichen Auswirkungen dieser Denkweise erkannt und aktiv daran gearbeitet, Selbstmitgefühl und Freundlichkeit zu kultivieren.

Heute ist es meine Leidenschaft, den Einfluss der Denkweise auf das Wohlbefinden zu erforschen, sowohl in meiner beruflichen Praxis als auch in meinem Privatleben. Anstatt den Kreislauf von Vergleichen, Sorgen und übermäßigem Denken aufrechtzuerhalten, versuche ich, eine Kultur der Großzügigkeit, des Selbstmitgefühls und des Verständnisses zu fördern. Durch meine Arbeit möchte ich andere dazu ermutigen, sich selbst und anderen gegenüber freundlich zu sein und zu erkennen, dass wahrer Erfolg nicht durch Vergleiche gemessen wird, sondern durch innere Erfüllung und echte Verbundenheit.

Wie können diejenigen von uns, die viel denken, mehr Ruhe finden, weniger selbstkritisch sein und sich weniger überfordert fühlen? Und welche Vorteile könnten wir dabei für die Gesundheit unseres Gehirns entdecken? Auf dieser Reise habe ich die Achtsamkeit entdeckt.

Die Kraft der Achtsamkeit für unser Gehirn ist das Herzstück dieses Buches. Ich freue mich, diese Reise mit dir zu teilen und hoffe, dass du beim Lesen der folgenden Kapitel die Antworten auf die oben genannten Fragen und vieles mehr findest.

Was uns zurückhält

Wenn du häufig darüber nachdenkst, wie du dein Leben positiv verändern kannst, oder wenn du eine bestimmte Praxis verbessern willst, bist du nicht allein auf diesem Weg. Wir alle können das Prinzip verstehen, aber erst wenn wir mittendrin sind, merken wir, wie schwer es sein kann.

Die Realität des Menschen ist, dass Veränderungen oft einschüchternd sind und es ist nicht ungewöhnlich, dass man sich gelangweilt oder abgelenkt, unwohl oder verwirrt fühlt. Wir alle wollen schnelle Ergebnisse, eine schnelle Lösung, und so verlieren wir leicht den Mut oder sind frustriert und geben auf, wenn es schwierig wird. Kommt dir das bekannt vor? Denk nur daran, wie viele Neujahrsvorsätze Ende Januar im Müll landen! Doch Beharrlichkeit wird belohnt.

Ich gebe dir ein nachvollziehbares Beispiel dafür, wie viel Macht der Verstand über einen Menschen haben kann. Vor 30 Jahren war das Laufen meine Nemesis. Ich wollte das Laufen zu einem Teil meiner Fitnessroutine machen, mich der Herausforderung stellen, Halb- oder Vollmarathons zu laufen. Bei meinem ersten Lauf war ich entsetzt, dass ich nicht einmal einen Block laufen konnte, ohne anzuhalten, um Luft zu holen. Ich wusste, dass ich meine Ausdauer beim Laufen aufbauen musste, also folgte ich einem Programm, das meine Herzfrequenz verfolgte und mir ermöglichte, meine Ausdauer mit der Zeit aufzubauen. An vielen Tagen fand ich diese Art des Trainings mühsam. Mit dem Programm, das ich mir ausgesucht hatte, musste ich ein langsames Tempo einhalten, um meine Ausdauer aufzubauen, aber bei dem Tempo, das ich lief, konnte mich jeder neben mir mit einem flotten Spaziergang überholen.

Ich war frustriert über meine langsamen Fortschritte. *Warum ist das so schwer für mich?* dachte ich bei mir. *Werde ich jemals in der Lage sein, eine Meile zu laufen, geschweige denn einen Marathon?* Diese Gedanken machten mich nur noch frustrierter und gestresster wegen meiner mangelnden Fortschritte.

Eines Tages, nachdem ich wochenlang das Gefühl hatte, nicht besser zu werden, konzentrierte ich mich auf die Art und Weise, wie ich während meines Laufs ein- und ausatmete. Das war Jahre, bevor ich überhaupt wusste, was Achtsamkeitstraining ist, also war ich mir nicht ganz sicher, was ich da tat, aber ich fand heraus, dass ich mich auf das Gefühl jedes Schritts beim Ein- und Ausatmen konzentrieren konnte, um ein gleichmäßiges und kontrollierbares Tempo beim Laufen zu finden. Als ich mich auf meinen Atem konzentrierte, merkte ich auch, dass mein Geist ganz im Moment blieb und sich von meinem Atem und dem Tempo meiner Schritte leiten ließ. Das half mir, beim Laufen entspannter zu sein und mich auf den Moment zu konzentrieren.

Auch wenn Laufen vielleicht nicht zu deinen mentalen Blockaden gehört, vermute ich, dass du dich bei dem Gedanken an eine bestimmte Aktivität ängstlich oder gestresst fühlst, und je mehr du dich auf diese

Aktivität fixierst, desto unruhiger wirst du. So denken wir oft an bestimmte Gespräche, die wir fürchten, an tägliche Aufgaben, die wir nicht erledigen wollen, oder an nervenaufreibende Erlebnisse, vor denen wir Angst haben. Diese Gefühle sind ganz natürlich, denn wir alle machen uns irgendwann im Leben zu viele Gedanken, aber wenn das passiert, haben wir zwei Möglichkeiten. Wir können uns entweder mit diesen Gedanken beschäftigen und uns immer schlechter fühlen, oder wir können etwas dagegen tun und lernen, mit unseren Gefühlen ruhig und gelassen umzugehen. Der Schlüssel zu Letzterem liegt in der Praxis der Achtsamkeit.

Achtsamkeit und Neuroplastizität

Wenn wir lernen, achtsam zu bleiben, werden wir uns vielleicht nicht in die Aufgaben verlieben, die wir nicht erledigen wollen, aber diese Übung kann einen entspannteren Zustand in unserem Geist schaffen, so dass wir unsere Umgebung auf angenehme Weise wahrnehmen können. Diese Veränderung ermöglicht es uns, ein Beobachter von Problemen oder ängstlichen Gedanken zu werden, die wir haben, anstatt ein verletzlicher Teilnehmer an einer miserablen Erfahrung zu bleiben, die uns nicht gut tut.

Was ist also diese scheinbar bemerkenswerte Idee, die zu erfüllteren Erfahrungen im Leben führen kann? Der Begriff "Achtsamkeit" hat für jeden eine andere Bedeutung, aber im Wesentlichen bedeutet das Konzept, sich einer Erfahrung bewusst zu werden. Oft assoziieren wir Achtsamkeit nur mit Meditation und "den Kopf frei kriegen", aber es ist viel mehr als das. Anstatt an nichts zu denken oder zu versuchen, den Geist völlig frei zu bekommen, was fast unmöglich ist, bietet uns die Praxis der Achtsamkeit die Möglichkeit, im gegenwärtigen Moment präsent zu bleiben und als Beobachter unserer Gedanken zu handeln.

Es ist nicht zu leugnen, dass es schwierig ist, einen Zustand der Achtsamkeit zu erreichen. Für viele ist die Vorstellung, sich die Zeit zu nehmen, um langsamer zu werden oder eine weitere Übung in ihren ohnehin schon vollen Terminkalender aufzunehmen, einfach nicht machbar. Wenn du dir vorstellst, dass Achtsamkeit eine separate

Aktivität ist, die du in deinen Tag einbauen musst, klingt das gut, aber wenn du dir vorstellst, dass sie mit allem, was du tust, verbunden ist, wird sie zu einem realistischeren Ziel.

Bei Untersuchungen des Gehirns haben Wissenschaftler/innen sichtbare Veränderungen in der Gehirnsubstanz festgestellt, die als direkte Folge des Erlernens von Achtsamkeit, insbesondere durch Meditation, auftreten. In einer Studie kamen Wissenschaftlerinnen und Wissenschaftler zu dem Schluss, dass selbst eine kurzfristige Achtsamkeitspraxis die Fähigkeit des Gehirns zur Konfliktlösung und emotionalen Kontrolle verändern kann (Tang et al., 2012). Da Neuroplastizität oder Plastizität des Gehirns bedeutet, dass unser Gehirn in der Lage ist, sich zu verändern, um sich anzupassen oder auf innere und äußere Reize zu reagieren, können die Achtsamkeitspraktiken, die wir anwenden, nachhaltige Auswirkungen auf unsere Wahrnehmung haben (Puderbaugh & Emmady, 2023).

Beliebte Achtsamkeit

Ist dir aufgefallen, dass der Gedanke der Achtsamkeit und Selbstfürsorge in den letzten zehn Jahren immer mehr in unsere Welt vorgedrungen ist? Das wachsende Interesse daran, wie man in den letzten zehn bis zwanzig Jahren ruhiger und stressfreier werden kann, ist kein Zufall.

Warum ist Achtsamkeit als Praxis heute so beliebt? Forscherinnen und Forscher haben viele Theorien, um diese Frage zu beantworten, aber sie sind zu mehreren wichtigen Schlussfolgerungen gekommen. Die wichtigste scheint sich auf den schnell wachsenden Stress zu beziehen, dem die Gesellschaft täglich ausgesetzt ist, auf die Entstigmatisierung von psychischen Problemen und auf die vielversprechenden wissenschaftlichen Beweise dafür, dass Achtsamkeitsübungen der Gesundheit des Gehirns zuträglich sind (Bernstein et al., 2019). Auch wenn es entmutigend sein kann, zu wissen, dass stressige Umstände die Popularität einer Praxis gerechtfertigt haben, kannst du dich damit trösten, dass die Einbindung von Achtsamkeit in Schulen, am Arbeitsplatz und in der allgemeinen Kultur aufgrund ihrer Vorteile und

Entstigmatisierung weiterhin von dieser boomenden Praxis profitieren wird.

Meine Leidenschaft für Achtsamkeit

Lass mich einen Moment Zeit, um mich vorzustellen. Die Funktionen und Geheimnisse des menschlichen Gehirns haben mich schon immer fasziniert. Als Neurologe und Neuroophthalmologe arbeite ich mit Patienten, die an einer Reihe von Krankheiten leiden, und ich habe über zwanzig Jahre meines Lebens der Neurologie und den Neurowissenschaften gewidmet. Während Ärzte und Wissenschaftler in diesem Bereich jeden Tag mehr lernen, habe ich durch meine Forschung erkannt, wie wichtig die Praxis der Achtsamkeit für die Behandlung und Pflege von Patienten ist. Zusätzlich zu meiner medizinischen Ausbildung habe ich eine Ausbildung als Hypnosetherapeutin absolviert und eine Leidenschaft dafür entdeckt, anderen Yoga und Achtsamkeit beizubringen.

Ich habe mich dafür eingesetzt, die Achtsamkeit durch qualitativ hochwertige Forschung in den medizinischen und neurologischen Bereich zu bringen. Im Rahmen dieser Leidenschaft und dieses Engagements habe ich klinische Forschungsstudien mit Achtsamkeit als Behandlungsmethode für neurologische Erkrankungen geleitet und durchgeführt und arbeite weiterhin unermüdlich in diesem Bereich, um die Ergebnisse für Patienten zu verbessern.

Mein Ziel als Ärztin, Forscherin und Autorin ist es, andere mit hochwertigen Informationen zu versorgen, die ihnen helfen, ihr Wohlbefinden zu verbessern. In meiner Praxis treffe ich oft Patienten, die nicht wissen, welche Maßnahmen sie ergreifen können, um ihre körperliche und geistige Gesundheit zu verbessern. Ich treffe auch viele Patienten, die verwirrt sind über die Vorteile, die eine achtsame Praxis bieten kann.

Obwohl ich schon viele akademische Forschungsarbeiten und Buchkapitel geschrieben habe, ist dies mein erstes Buch für die Öffentlichkeit. Wenn ich mich in diese neue Welt des Bücherschreibens für die Öffentlichkeit begebe, ist es mein Ziel, qualitativ hochwertige, umsetzbare Informationen für die Gesundheit und das Wohlbefinden deines Gehirns zu vermitteln.

Dieses Buch soll Anfängern, die sich für Achtsamkeit interessieren, dabei helfen, sie erfolgreich in ihren Alltag zu integrieren. Mein Ziel ist es, dir nützliche, umsetzbare und praktische Informationen an die Hand zu geben, die dir die Einführung dieser Praxis erleichtern. Für alle Interessierten habe ich auch die Vorteile der Achtsamkeit aus neurowissenschaftlicher Sicht erläutert.

Dieses Buch ist deine Ressource für einfach anzuwendende und sofort verfügbare Übungen für mehr Achtsamkeit. Um deine Praxis weiter zu verbessern und zu verankern, kannst du dieses Buch als Teil deines "Jahres der Achtsamkeit" betrachten, mit einfach umzusetzenden Achtsamkeits- und Selbstfürsorge-Ideen, die dir helfen, dich auf deinem Weg zum Wohlbefinden ruhig und motiviert zu fühlen.

Die Ideen am Ende der Kapitel 1 bis 12 ermöglichen es dir, sofort loszulegen, indem du den Boden für einen achtsamen Weg durch Selbstfürsorgeansätze bereitest. Mit diesem Leitfaden hast du Vorschläge, die du für jeden Monat des Jahres nutzen kannst. Du könntest sogar versuchen, während deines "Jahres der Achtsamkeit" jeden Tag oder jede Woche eine neue Anregung einzubauen.

Die Ideen in den einzelnen Kapiteln mögen sich nicht revolutionär anfühlen, aber sie sind als einfache, praktische Methoden gedacht, die dir dabei helfen, einen offeneren und positiveren Geist zu entwickeln.

Diese Ideen zur Selbstfürsorge können deinen Körper und deinen Geist beruhigen, damit du Achtsamkeit konsequent in dein Leben einbauen kannst. Sie sind sogar so einfach, dass du schon heute damit beginnen kannst, bestimmte Ideen umzusetzen, um ein achtsameres Leben zu beginnen.

Vielleicht findest du es hilfreich, dieses Buch zusammen mit geführten Achtsamkeitsübungen wie Atemmeditationen, Atemarbeit, Körperscan und Bewegungsübungen zu verwenden. Ich gehe auf diese Übungen in den entsprechenden Kapiteln des Buches ein und verweise auf Audioguides, die du mit diesem Buch bekommst.

Ich hoffe, du findest dieses Buch unterhaltsam und hilfreich.

"Die Reise von tausend Meilen beginnt mit einem einzigen Schritt"
- Lao Tzu

Kapitel 1:

Neuroplastizität erforschen

Hast du schon einmal ein Kleinkind erlebt, das völlig durchdreht? Ich meine damit, dass es sich schreiend und tretend auf den Boden wirft, weil etwas nicht so läuft, wie es soll. Hast du dir in solchen Momenten jemals gedacht: "*Es gibt Tage, an denen ich das auch gerne tun würde*?

Während Erwachsene in der Regel die Fähigkeit besitzen, körperliche Zusammenbrüche im Leben zu unterdrücken, sickert unser ängstliches Verhalten auf andere Weise durch, wenn wir keinen hilfreichen Umgang mit Stressoren pflegen.

Ein vielbeschäftigter Elternteil, der zehn Stunden am Tag arbeitet und trotzdem das Abendessen für seine Familie zubereiten, das Mittagessen für seine Kinder für den nächsten Schultag einpacken und abends für einen Online-Kurs lernen muss, könnte feststellen, dass seine Stimmung im Laufe des Tages mehr als sonst schwankt, weil er mit so vielen Aktivitäten jongliert. Diese Eltern fühlen sich vielleicht gestresst, wütend und sogar streitsüchtig, weil ihr Terminkalender so voll ist, und das ist auch verständlich.

Unsere Gefühle zu regulieren wird zu einer Herausforderung, wenn wir Tag für Tag von einer Aktivität zur nächsten springen. Wenn du die Möglichkeit hast, kannst du nach einem anstrengenden Tag für ein paar Momente zur Ruhe kommen. Wie fühlt sich das an? Viele Menschen sind noch ganz durcheinander von dem, was sie bis zu diesem Moment erlebt haben, und können sich nicht entspannen. Das führt dazu, dass man sich nicht entspannen kann. Vielleicht schweifen die Gedanken zur Aufgabenliste oder zu einem Fehler, auf den man sich früher am Tag fixiert hat.

Manche versuchen, die nicht enden wollende Geschäftigkeit des Lebens mit Lastern wie Kaffee, Alkohol, Drogen oder Geldverschwendung für nicht benötigte Dinge zu bekämpfen, aber das hilft nur vorübergehend gegen den Stress, den wir gerade erleben. Es gibt einen anderen Lebensansatz, der keine teure Ausrüstung, keine Mitgliedschaft im Fitnessstudio und keine negativen Gewohnheiten erfordert, um ein besseres Selbstgefühl und Wohlbefinden zu erreichen. Er liegt in unserer Fähigkeit, unser Gehirn umzugestalten.

Wichtige Signale des Gehirns

Seien wir ehrlich - unser Gehirn versucht, mehr zu tun, als wir manchmal wollen. Wenn du jemals erlebt hast, dass deine Gedanken nachts rasen, wenn du einfach nur schlafen willst, weißt du, wovon ich rede. Weil das Gehirn so komplex ist und so viele Funktionen hat, will es in den meisten Momenten des Tages einen Sinn in Situationen erkennen und Gedanken in Kategorien einordnen. Wie hilfreich, oder? Während diese Fähigkeit für Problemlösungen und schnelle Entscheidungen erstaunlich ist, ist sie nicht so toll, wenn wir uns entspannen wollen, aber nicht in der Lage sind, das ständige Denken "abzuschalten".

Unser Gehirn arbeitet ständig hinter den Kulissen, um sicherzustellen, dass Nachrichten gesendet und Verbindungen hergestellt werden, damit wir Informationen richtig interpretieren und verarbeiten. Die Signale, die unser Gehirn sendet, hauchen unseren Muskelbewegungen, unserem Sehen, Hören, Riechen, Schmecken und Tasten Leben ein.

Der entscheidende Treffpunkt für die Kommunikation in unserem Gehirn ist die Synapse, ein Bereich, der chemische Signale, sogenannte Neurotransmitter, freisetzt (Sivadas & Broadie, 2020). "Eines der wichtigsten Merkmale unseres Gehirns ist, dass sich Synapsen verändern, wenn wir sie benutzen. Diese Veränderungen in unseren Synapsen (Plastizität) ermöglichen es uns, neue Informationen zu lernen und uns dann an das Gelernte zu erinnern" (Sivadas & Broadie, 2020). Durch diese Signale bildet unser Gehirn Erinnerungen, die uns ein Leben lang helfen.

Ohne diese Synapsen müssten wir die Schritte der täglichen Aufgaben, die wir ausführen, jedes Mal neu erlernen, wenn wir sie ausführen wollen.

Wenn das Gehirn durch eine Verletzung wie einen Schlaganfall, eine Gehirnerschütterung oder ein geplatztes Aneurysma verändert wird, kann es natürlich sein, dass die Synapsen ihre Aufgabe nicht mehr erfüllen können. Die Plastizität unseres Gehirns lässt sowohl positive als auch negative Veränderungen zu. Deshalb kann die Einbeziehung von Achtsamkeitsübungen in unser Leben dazu beitragen, dass sich unsere Gehirnnetzwerke auf die bestmögliche Weise verändern.

Umarmung der Praxis

Wenn du zögerst, mehr Achtsamkeitspraktiken in dein Leben zu integrieren, weil du glaubst, nicht genug Zeit zu haben, oder weil du dir einfach nicht vorstellen kannst, wie wertvoll das sein wird, solltest du Folgendes bedenken. Achtsamkeitspraktiken müssen nicht zwangsläufig etwas sein, für das man sich extra Zeit am Tag nimmt. Vielmehr sollen die achtsamen Aktivitäten, die man durchführt, jeden Aspekt des Tages verbessern, indem sie für mehr Konzentration, Klarheit und Ruhe in allen Situationen sorgen. Wie bei allem wird es auch bei der Achtsamkeit anfangs schwierige und leichte Tage geben. Betrachte Achtsamkeit als eine fortlaufende Lebenspraxis.

Achtsame Praktiken sind zwar keine Garantie dafür, dass man in seinem Leben keinen Stress mehr hat, aber sie können die Fähigkeit des Gehirns verbessern, Stresssituationen mit Widerstandsfähigkeit, Optimismus und Positivität zu begegnen, so dass man bei jeder Aktivität eine stabilere Stimmung und Denkweise hat. Stell dir die Möglichkeiten vor, die sich dir bieten, wenn du deine Gefühle und Reaktionen besser kontrollieren kannst.

Diese Praxis erfordert eine Offenheit, die für Anfänger/innen oft ein Hindernis darstellt. Viele Menschen haben die besten Absichten, wenn sie mit der Achtsamkeitspraxis durch Meditation beginnen, aber sie werden schnell gelangweilt oder abgelenkt und geben schnell auf, weil sie das Gefühl haben, dass sie die Übung nicht richtig ausführen. Wenn dir das bekannt vorkommt, kann ich dir versichern, dass es sich mit der Zeit auszahlt, bei dieser Praxis zu bleiben. Du kannst lernen, bei allem, was du versuchst, achtsam zu bleiben, und mit Hilfe von Techniken wie

Meditation, tiefer Atmung und Körperscans kannst du jede andere Aktivität oder Aufgabe, die du dir vornimmst, bereichern.

Die Wichtigkeit der Erdung

Es gibt Hunderte von Techniken, die dir im Alltag helfen können, achtsam zu sein. Du musst dich aber nicht auf jede einzelne konzentrieren, um erste Vorteile aus einer achtsamen Praxis zu ziehen. Selbst kleine Achtsamkeitstechniken, die du nur für kurze Zeit anwendest, können sich positiv und messbar auf die frontalen und präfrontalen Regionen des Gehirns auswirken. Daraus schließen Forscher, dass Achtsamkeitspraktiken die graue Substanz des Gehirns, den präfrontalen Kortex, die Amygdala und den Hippocampus positiv verändern (Hölzel et al., 2011).

Wie bei jeder neuen Praxis kommt es auch hier darauf an, dass du dich nicht gleich zu Beginn überforderst. Es ist an der Zeit, sich auf den Prozess einzulassen und sich nicht zu viel auf einmal vorzunehmen. Dieses Buch bietet zwar viele Techniken und Vorschläge, die dir bei der Achtsamkeit helfen, aber es ist wichtig, dass du das Richtige für dich auswählst. Du kannst sicher sein, dass alle Techniken dir helfen werden, dich im Alltag ruhiger und zuversichtlicher zu fühlen, aber am besten fängst du mit den Techniken an, die dir helfen, dich in einer zukünftigen Achtsamkeitspraxis zu verankern, so dass du sie weiterführen möchtest.

In den kommenden Kapiteln findest du am Ende Abschnitte mit achtsamen Ideen, die mit dem Thema des Kapitels zusammenhängen. So kannst du das Gelernte sofort in die Praxis umsetzen und einen achtsamen Umgang mit dem Leben entwickeln.

Entscheide dich für das, was deiner Meinung nach am besten für dich geeignet ist, je nach deinem Zeitplan und deinen Zielen. Es ist zwar toll, neue Ideen auszuprobieren, aber wenn du eine Technik ausprobierst, die sich für dich unangenehm anfühlt, dann erlaube dir, etwas anderes auszuprobieren und bleibe offen dafür, aus dem Prozess zu lernen und zu wachsen.

Die Entwicklung deiner Achtsamkeitsfähigkeiten wird mit der Zeit und durch Übung einfacher, aber es braucht auch deine Geduld. Die Offenheit, die du für diese Techniken mitbringst, wird dir helfen, den größten Nutzen aus deiner Praxis zu ziehen.

Denke daran, dich zunächst auf kleine Möglichkeiten zu konzentrieren, um deine Praxis jeden Tag zu verbessern und weiterzuentwickeln.

Achtsame Ideen für mehr Erdung

Die folgenden Ideen sind Vorschläge, wie du dich in einer Praxis voller neuer Möglichkeiten für dich selbst erden kannst. Es sind einfach Ideen, die dir helfen können, dich auf eine achtsamere Haltung vorzubereiten. Es sind auch Ideen, die dir helfen, deinen Geist schnell zu beruhigen, wenn du dich gestresst oder ängstlich fühlst.

In den folgenden Kapiteln wirst du mehr über bestimmte Meditationspraktiken und -techniken erfahren, aber lass dich von diesen Ideen leiten, damit du bereit wirst, eine Offenheit für deine Praxis zu entwickeln.

- Suche dir einen bequemen Stuhl, schließe deine Augen und sitze einfach fünf Minuten lang mit deinen Gedanken.
- Schaffe oder finde einen Raum in deinem Zuhause, der dir ein Gefühl der Ruhe oder des Glücks vermittelt.
- Suche dir einen weichen Gegenstand, der dich zufrieden oder ruhig macht, wie eine Decke, ein Kissen oder einen kuscheligen Pyjama.
- Kaufe, drucke oder zeichne einen Kalender, um deine Achtsamkeitspraktiken festzuhalten.
- Wähle innerhalb der nächsten Woche eine Stunde. Reserviere diese Zeit für eine Lieblingsbeschäftigung, die du

alleine ausübst, wie zum Beispiel ein Bad oder eine Dusche, ein Nickerchen oder einen Spaziergang.

- Achte mal auf die Beleuchtung in deinem Haus. Würdest du etwas ändern? Wirkt die Beleuchtung beruhigend oder nicht? Was würdest du ändern (wenn überhaupt)?

- Nimm dir ein leeres Papier oder ein leeres Notizbuch, um während deiner zukünftigen Achtsamkeitsreise mit dem Tagebuchschreiben zu beginnen. Stell dir jeden Tag einen Timer für 10 Minuten und schreibe in diesen Minuten frei (in späteren Kapiteln werde ich Themen besprechen, die dir helfen, dich zu konzentrieren).

- Mach dein Bett (konzentriere dich darauf, deinen Schlafplatz sauber und gemütlich zu machen).

- Erstelle eine Liste mit drei Personen, auf die du dich verlassen kannst. Das sind zum Beispiel deine Freunde oder Familienmitglieder, die dir helfen können, wenn du Hilfe brauchst.

- Schreibe eine Liste mit fünf Liedern (oder Musikkünstlern), die du beruhigend oder befriedigend findest.

- Überlege dir ein Outfit, in dem du dich selbstbewusst fühlst (trage es diese Woche).

- Suche dir einen Platz bei dir zu Hause und beobachte 10 Minuten lang deine Umgebung, ohne sie zu bewerten. Was fällt dir auf?

- Erstelle ein Mantra für dich selbst. Das kann so einfach sein wie "Bleib präsent". Sage dir dieses Mantra jeden Morgen als Erstes, wenn du aufwachst.

- Wenn du ängstlich bist, atme dreimal langsam und tief ein und aus (wir werden in einem späteren Kapitel auf Atemtechniken eingehen).

- Mach heute einen kurzen 15- oder 20-minütigen Spaziergang. Achte auf deine Sinne. Was siehst, hörst und riechst du beim Gehen?
- Zähle langsam von 1 bis 10 und dann langsam rückwärts von 10 bis 1.
- Finde eine Kerze oder einen Duft für dein Zuhause, der dich beruhigt. Schließe deine Augen und rieche diesen Duft, wenn du dich ängstlich fühlst.
- Klopfe mit deinen Fingerspitzen zwanzig Sekunden lang sanft deine Arme hoch und runter, während du atmest. Halte dann inne und entspanne dich. Nimm wahr, wie du dich fühlst.
- Erledige eine kleine Aufgabe, um ein Gefühl der Erfüllung zu bekommen. Das sollte etwas sein, das du gut kannst und mit Leichtigkeit erledigen kannst.
- Geh nach draußen und atme einfach fünf Minuten lang.
- Setz dich auf einen Stuhl oder leg dich auf dein Bett, wenn du ängstlich bist. Schließe deine Augen und stell dir vor, du wärst an deinem Lieblingsort, z.B. in einer Blumenwiese oder in einem Spa.
- Lösche eine unnötige App von deinem Telefon (fang klein an; wir werden die Diskussion über die Reduzierung der Telefonnutzung und der Ablenkungen in späteren Kapiteln fortsetzen).
- Halte dein Schlafzimmer dunkel, wenn du schläfst (siehe Bonusinhalt zum Thema Schlaf im Anhang).
- Wasche deine Hände und dein Gesicht (du wirst überrascht sein, wie erdend und befriedigend sich das anfühlen kann).

- Sprich mit jemandem, den du bewunderst und der Positivität ausstrahlt.
- Mach eine Pause und lies ein Buch für 30 Minuten bis eine Stunde.
- Wechsle den Standort (von einem Raum zum anderen, um eine neue Perspektive zu erhalten).
- Erschaffe eine Figur für deine Gefühle. Zum Beispiel: "Zeichne oder beschreibe [deine Angst] als eine kleine Koboldpuppe, ein Tier oder ein cartoonartiges Gespenst. Dann kannst du im Geiste die Geschichte deines Umgangs mit der Angst erzählen" (Regan, 2023). Das kann dir helfen zu verstehen, dass deine Gefühle dich nicht kontrollieren müssen und dass du für deine Reaktionen auf Situationen verantwortlich bist.
- Erkenne dich selbst. Wo befindest du dich in diesem Moment in deinem Leben? Nenne laut die Zeit, den Monat und das Jahr. Beschreibe, was du heute tust. Das kann dir helfen, dein Bewusstsein auf den gegenwärtigen Moment zu lenken.
- Sieh dir eine meiner kostenlosen geführten Meditationsübungen an oder hör sie dir an (siehe Anhang). Nimm wahr, was dir an der Meditationspraxis gefallen könnte.
- Überlege, wofür du heute dankbar bist. Denke an drei Dinge, Menschen oder Konzepte, für die du dankbar sein könntest. Verwende dein Dankbarkeitstagebuch, um diese Übung auszuführen, oder lade dir eine dieser kostenlosen Vorlagen herunter, um deine Antwort zu schreiben.

Die wichtigsten Erkenntnisse

- Die Kommunikation findet in der Nachrichtenzentrale des Gehirns statt, wo wir über Synapsen und die Freisetzung von

Chemikalien Informationen empfangen und austauschen können.

- Die Plastizität des Gehirns verändert sich und passt sich an neue Erfahrungen an, egal ob positiv oder negativ.

- Achtsamkeitstechniken helfen, die Gedanken zu beruhigen und zu beobachten, so dass Stress abgebaut wird und sich eine Wachstumsmentalität bilden kann.

Wenn du dir überlegst, welche Optionen dir am meisten helfen, eine positivere Einstellung zu entwickeln, denke daran, langsam zu beginnen und positive Selbstgespräche zu führen. Ohne Offenheit und die Bereitschaft, etwas Neues auszuprobieren, ist es schwierig, mit einer Übung zu beginnen, also gib dir selbst die Chance, neugierig auf deine eigene Erkundung der Achtsamkeit zu bleiben.

"Bleib neugierig, bleib offen... und lass uns sehen, was passiert."

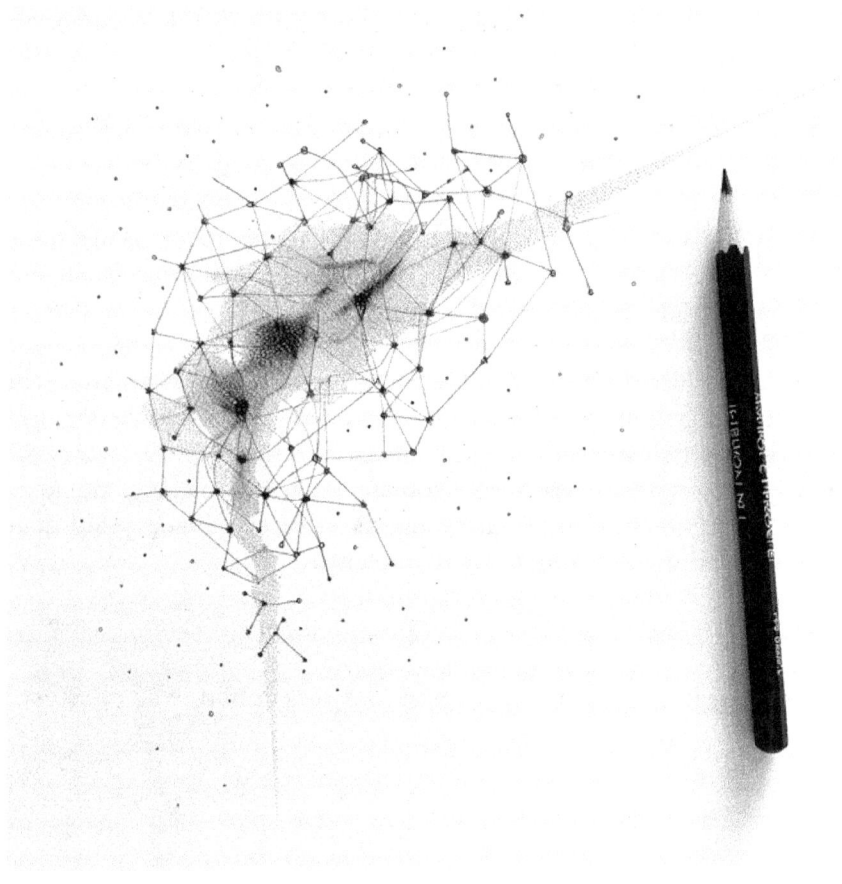

Kapitel 2:

Achtsamkeit und das Gehirn

Wenn du dir die physischen Eigenschaften des menschlichen Gehirns vorstellst, was stellst du dir dann vor? Vielleicht stellst du dir eine Szene aus einem Science-Fiction-Film vor, in der ein nasser, rosafarbener Klecks mit gewellten Rillen in einem Glas schwimmt oder in einem Labor auf einem Silbertablett sitzt. Die physischen Aspekte des Gehirns scheinen nicht viel zu sein, aber die Funktionen dieses geheimnisvollen Organs sind phänomenal.

Unser Gehirn besteht aus Gewebe, das ständig unsere Reaktionen, Sinne, Bewegungen, Kommunikationsfähigkeiten, unser Gedächtnis, unsere Gefühle, unsere Sprache und unser Denken steuert (Maldonado & Alsayouri, 2023). Wenn wir uns aufgeregt, wütend, überwältigt, überrascht oder ängstlich fühlen, arbeitet unser Gehirn hart daran, dem Ganzen einen Sinn zu geben. Aber jede Schädigung oder Erkrankung des Gehirns kann die Signale und Botschaften, die von einem Ort zum anderen gelangen sollen, unterbrechen. Das Studium der einzelnen Bereiche des Gehirns und ihrer Funktionen kann uns helfen, besser zu verstehen, warum Selbstfürsorge und der Erhalt unseres Gedächtnisses so wichtig für unser Wohlbefinden sind.

In diesem Abschnitt werden wir die wichtigsten Teile des Gehirns und ihre Funktionen untersuchen, um zu verstehen, wie sie sich auf unsere Stimmung und Denkweise auswirken. Da sich Verstärkung und kognitives Training nachweislich positiv auf die Gehirnaktivität auswirken, ist es hilfreich, die wichtigsten Bereiche zu kennen, die an der

Gehirnfunktion beteiligt sind, um zu verstehen, wie sich die Praxis der Achtsamkeit positiv auswirken kann.

Was wir über das Gehirn wissen

Obwohl das Gehirn noch immer viele Geheimnisse birgt, hat uns die wissenschaftliche Forschung ein tieferes Verständnis der Funktionen des Gehirns ermöglicht. Die rechte und die linke Seite des Gehirns, die zusammen als Großhirn bezeichnet werden, enthalten Falten und Grate an ihrer Oberfläche (Maldonado & Alsayouri, 2023). Das Großhirn ist mit dem Hirnstamm verbunden und hilft bei der Steuerung von Verhalten, Gefühlen, Gedächtnis, Motorik und Sensorik (Maldonado & Alsayouri, 2023). Die linke Seite des Gehirns hilft bei der Sprache und der Verarbeitung logischer Konzepte, während die rechte Seite eher kreative und intuitive Ideen steuert. Die beiden Seiten arbeiten zusammen, um abstrakte Ideen und greifbare Konzepte, die uns täglich begegnen, zu verstehen.

Die vier Lappen

Innerhalb dieser Abschnitte des Gehirns helfen vier Lappen dabei, noch mehr unserer Verarbeitungsfähigkeiten zu verfeinern.

Frontallappen

Dieser Lappen ist für die sprachlichen, kognitiven und motorischen Funktionen zuständig und ermöglicht es einer Person, ihre Stimmung, ihr Selbstbewusstsein und ihre Persönlichkeit zu regulieren (Maldonado & Alsayouri, 2023). Dieser Teil des Gehirns gibt dir die Fähigkeit, zu planen und zu kontrollieren, was du tun willst.

Scheitellappen

Der Scheitellappen hilft dem Menschen, sensorische Informationen zu klären und unterstützt das Gedächtnis (Maldonado & Alsayouri, 2023). Ohne diesen Teil wären wir nicht in der Lage, die Temperaturen auf unserer Haut oder unser räumliches Bewusstsein zu verarbeiten.

Schläfenlappen

Der Schläfenlappen fungiert als Verarbeitungsstätte für geschriebene und gesprochene Sprache (Maldonado & Alsayouri, 2023). Dieser Bereich ermöglicht es uns, Informationen zu speichern und abzurufen, damit wir Erinnerungen aus der Vergangenheit erkennen und behalten können.

Occipital Lappen

Der Okzipitallappen schließlich dient der Interpretation visueller Bilder (Maldonado & Alsayouri, 2023). Dieser Lappen hilft uns bei der Gesichtserkennung und der Tiefenwahrnehmung.

Das Kleinhirn

Das Kleinhirn ist ein Zentrum für die Steuerung von Bewegungen und motorischen Funktionen. "Das Kleinhirn ist auch an verschiedenen kognitiven Funktionen wie Aufmerksamkeit, Sprache, Lustempfinden und Angstgedächtnis beteiligt" (Maldonado & Alsayouri, 2023). In diesem Bereich arbeitet unser Gehirn daran, die Bewegungen unseres Körpers zu perfektionieren. "Neue Studien erforschen die Rolle des Kleinhirns beim Denken, bei Emotionen und sozialem Verhalten sowie seine mögliche Beteiligung an Sucht, Autismus und Schizophrenie" (Johns Hopkins Medicine, 2022).

Der Hirnstamm

Der Hirnstamm schließlich besteht aus dem Mittelhirn, der Pons und dem Mark, also Bereichen, die zusammenarbeiten, um die Körperfunktionen zu steuern. Der Hirnstamm verbindet das Großhirn mit dem Rückenmark und stellt Verbindungen her, um "autonome Funktionen wie Atmung, Temperaturregulierung, Atmung, Herzfrequenz, Wach-Schlaf-Zyklen, Husten, Niesen, Verdauung, Erbrechen und Schlucken" zu steuern (Maldonado & Alsayouri, 2023).

Wie achtsame Praktiken das Gehirn formen können

Jeden Tag arbeitet unser Gehirn hart daran, unserer Umgebung einen Sinn zu geben und Nachrichten an die Teile unseres Körpers zu senden, die richtig funktionieren sollen. Obwohl das Gehirn dies mit minimalem Aufwand tut, arbeitet es hart daran, Lektionen zu lernen und Ereignisse zu kategorisieren. Da unser Gehirn die Informationen aus jeder Erfahrung speichert, trägt es zur Neuverdrahtung bei, die dadurch entsteht.

Wenn ein Mensch in eine Situation gerät, die eine Reaktion erfordert, versucht sein Gehirn, eine Reaktion zu wählen, die ihn am besten schützt. Du hast wahrscheinlich schon von "Kampf" oder "Flucht" gehört, aber diese Reaktionen führen dazu, dass sich unser Gehirn und unser Körper jedes Mal an diese Reaktionen erinnern, damit wir aus der Erfahrung lernen können. Die Art und Weise, wie wir auf Umstände reagieren, beeinflusst die graue Substanz, also das Gewebe in unserem Gehirn, das es uns ermöglicht, zu funktionieren und intelligente Entscheidungen zu treffen (Hölzel et al., 2011). Das Gehirn sendet über die Hormonausschüttung von Cortisol und Adrenalin Botschaften aus, die den Menschen in vielen Fällen schützen, im Laufe der Zeit aber auch seine psychische und physische Belastung erhöhen.

Wenn du am Ende eines stressigen Arbeitstages schon einmal verspannte Schultermuskeln oder einen zusammengebissenen Kiefer bemerkt hast, kannst du verstehen, welche Auswirkungen diese Erfahrungen auf den Körper haben können. Mit der Zeit halten Körper und Geist diesen Stress fest, wenn sie kein Ventil haben, um die Anspannung loszuwerden. Herzkrankheiten, Depressionen, Angstzustände, Alzheimer, Fettleibigkeit und Magen-Darm-Probleme sind nur einige der Gesundheitsrisiken, die mit Langzeitstress verbunden sind (R. Morgan Griffin, 2010).

In einer schnelllebigen Welt, die von Ablenkungen überflutet wird, ist die Gesundheit unseres Gehirns wichtiger denn je. Inmitten des Chaos erweist sich Achtsamkeit als ein mächtiges Werkzeug. Durch die bewusste Aufmerksamkeit auf den gegenwärtigen Moment lädt uns Achtsamkeit dazu ein, unsere Gedanken, Gefühle und Empfindungen zu beobachten, ohne sie zu bewerten. Auf diese Weise können wir ein tieferes Verständnis für die komplizierten Abläufe in unserem Geist entwickeln.

Die Forschung zeigt zunehmend die unzähligen Vorteile der Mindfulness für ein gesundes Gehirn, von der Reduzierung von Stress und Angst bis hin zur Verbesserung der kognitiven Funktion und der emotionalen Regulierung. Einige neuere Forschungsergebnisse zeigen, dass eine langfristige tägliche Meditationspraxis die Dichte der grauen Substanz erhöhen kann. Die graue Substanz ist der Teil des Gehirns und des Rückenmarks, der hauptsächlich aus neuronalen Zellkörpern und Dendriten besteht und für die Verarbeitung von Informationen und die Ausführung kognitiver Funktionen wichtig ist. Sie hat Einfluss auf unsere Emotionen, Kommunikation und Entscheidungsfähigkeit. Achtsame Meditation wird auch mit der Verdickung des Hippocampus in Verbindung gebracht, der für die emotionale Regulation und das Gedächtnis zuständig ist.

Regelmäßige Achtsamkeit

Um unseren Geist und Körper zu beruhigen, braucht unser Gehirn Aktivitäten, die eine Pause vom Gewohnten bieten und uns die Chance geben, unser körperliches und geistiges Wohlbefinden neu zu kalibrieren. Viele glauben, dass sich die Praxis der Achtsamkeit nur auf die Meditation konzentrieren muss, aber es gibt zahlreiche Möglichkeiten, Geist und Körper zu beruhigen und zu erfrischen.

Wenn eine Person achtsame Praktiken in ihren Tag einbaut, spürt sie wahrscheinlich ein Gefühl der Ruhe, Dankbarkeit und Hoffnung, das ihr mit der Zeit hilft, eine enge Verbindung zu ihrem Platz in der Welt aufzubauen und sich insgesamt glücklicher und zufriedener mit sich selbst zu fühlen.

Um zu verdeutlichen, wie achtsame Praktiken ein Gefühl der Verbundenheit vermitteln, auch wenn sie alleine ausgeübt werden, stell dir vor, wie du dich fühlst, wenn du an einer Aktivität teilnimmst, die du liebst, und an einer, die du nicht liebst. Wie fühlst du dich, wenn die Aktivität beendet ist? Wenn du mit etwas fertig bist, das du nicht gerne tust, fühlst du dich vielleicht erleichtert, dass die Arbeit getan ist, aber du fühlst dich vielleicht auch müde und unfähig, andere Aufgaben zu erledigen.

Achtsame Aktivitäten bieten uns die Möglichkeit, Momente mit unseren Gedanken und Gefühlen zu verbringen und uns auf eine ruhige Art und Weise auf etwas zu konzentrieren, so dass wir die Energie, die uns dies bietet, aufnehmen und für andere Aktivitäten nutzen können, die wir achtsam ausführen.

Achtsamkeit ist zwar keine Zauberei, aber sie bietet Vorteile für das gesamte Leben, wie z.B. ein neues Bewusstsein und Offenheit für Erfahrungen und Menschen, mehr Empathie und Mitgefühl für andere und die Fähigkeit, Stress zu verstehen und mit einem geregelten Ansatz darauf zu reagieren.

In einer Studie über die Auswirkungen von Achtsamkeit untersuchten Forscher die Gehirne von Personen, die acht Wochen lang täglich etwa 30 Minuten meditiert hatten (Hölzel et al., 2011). Bei der Messung der Gehirnaktivität stellten die Forscher fest, dass die graue Substanz im Gehirn der Teilnehmer/innen konzentrierter war als zu Beginn des Experiments, was zeigt, dass die Bereiche, die Erinnerungen, Selbstbewusstsein und Empathie auslösen, durch die Achtsamkeitspraxis mit der Zeit stärker aktiviert wurden. Die Forschung hat auch gezeigt, dass die Konzentration und Aufmerksamkeit umso besser sind, je länger jemand meditiert (Baron Short et al., 2010).

In meiner eigenen Forschung haben vorläufige Studien mit funktioneller Magnetresonanztomographie (fMRI), einer Methode zur Darstellung von Gehirnnetzwerkverbindungen, das Potenzial von Achtsamkeitspraktiken zur Veränderung von Gehirnnetzwerken im Zusammenhang mit neurologischen Erkrankungen aufgezeigt (Wong et al., 2024).

Auch wenn die Forscher die Geheimnisse des Gehirns immer noch nicht entschlüsselt haben, ist es hilfreich zu wissen, welche Praktiken und Techniken für die Achtsamkeit von Vorteil sind.

In unserer hektischen, pausenlosen Welt kann sich Achtsamkeit wie ein entfernter Luxus anfühlen. Doch wie William Henry Davies in einem Gedicht schrieb: "Was ist das Leben, wenn wir vor lauter Sorge keine Zeit zum Stehen und Schauen haben?"

Der ständige Wandel in unserem modernen Leben macht Achtsamkeit nicht nur zu einer Herausforderung, sondern auch immer wichtiger.

Im Kern lädt uns Achtsamkeit dazu ein, den gegenwärtigen Moment voll und ganz zu genießen und unsere Gedanken, Gefühle und Empfindungen wahrzunehmen, die als Reaktion auf die Welt um uns herum entstehen. Wenn wir diese Achtsamkeit kultivieren, können wir unnötige Sorgen abbauen, die Freuden des Lebens genießen und tiefere Einsichten in uns selbst gewinnen.

Achtsamkeit in den Alltag zu integrieren, ist von unschätzbarem Wert. Wenn du dir Zeit für Achtsamkeitsübungen nimmst, kannst du ihre Vorteile noch verstärken. Hier sind verschiedene Techniken, die du in deinen Tag einbauen kannst:

- Achtsamkeitsmeditation: In der Hektik des Lebens, ob in einer überfüllten U-Bahn oder an einer roten Ampel, nimm dir einen Moment Zeit, um dich auf deinen Atem zu konzentrieren. Beobachte einfach die Ebbe und Flut deines Atems und erlaube seinem Rhythmus, als Anker für den gegenwärtigen Moment zu dienen und dich inmitten des Chaos zu erden. Du kannst dies auch in deinen Alltag einbauen, indem du dir zum Beispiel zehn Minuten Zeit nimmst, wenn du am Ende eines anstrengenden Tages zur Ruhe kommst.

- Offenes Gewahrsein: Nimm deine Sinne voll in Anspruch und tauche in die reiche Vielfalt der Welt um dich herum ein. Nimm die Klänge, Farben und Empfindungen wahr, die dich umgeben. Diese Übung kultiviert eine tiefe Verbindung zum gegenwärtigen Moment und fördert das Gefühl der Präsenz.

- Körperscan: Nimm dir einen Moment Zeit, um dich auf deinen Körper einzustimmen und nach Spannungen, Unbehagen oder subtilen Empfindungen zu suchen. Ohne zu urteilen, nimm einfach wahr, was du fühlst, und erkenne die Einheit deines körperlichen und emotionalen Selbst an. Diese Übung überbrückt die Kluft zwischen Geist und Körper und fördert ein Gefühl der Ganzheit und des Selbstbewusstseins.

- Achtsame Bewegung: Nimm die Bewegung mit Yoga, Tai Chi oder Pilates an. Konzentriere dich bei jeder Dehnung und Streckung auf den Rhythmus deines Atems und die Empfindungen in deinem Körper. Verwandle jede Bewegung in eine Gelegenheit zur Achtsamkeit und verankere dich im gegenwärtigen Moment.

- 3-Schritt-Atemräume: Der 3-Schritte-Atemraum ist eine Technik, die in der achtsamkeitsbasierten kognitiven Therapie (MBCT) gelehrt wird. Sie beginnt mit offener Achtsamkeit, indem du dir eine Minute Zeit nimmst, um zu bemerken, was im Moment mit deinen Emotionen, deinen Körperempfindungen, deinen Gedankenmustern oder Sorgen los ist. Als Nächstes sammelst du deine Aufmerksamkeit und richtest sie für etwa eine Minute auf deinen Atem. Atme tief und bewusst ein und erlaube jedem Ein- und Ausatmen, dich fest im gegenwärtigen Moment zu verankern. Halte zwischen den einzelnen Atemzügen kurz inne und finde inmitten des Chaos einen Ort der Ruhe und des Friedens. Dehne deine Aufmerksamkeit schließlich von deinem

Atem auf deinen ganzen Körper aus. Nimm wahr, wie du dich jetzt im Vergleich zum Anfang fühlst.

- Achtsamkeit gegenüber Gedanken und Gefühlen: Tauche in die Tiefen deiner inneren Landschaft ein und kultiviere ein waches Bewusstsein für deine Gedanken und Gefühle, wenn sie auftauchen. Beobachte sie mit sanfter Neugierde und erlaube ihnen, aufzutauchen und zu vergehen, ohne zu klammern oder zu urteilen. In dieser Praxis der radikalen Akzeptanz umarmst du das gesamte Spektrum deiner menschlichen Erfahrung und förderst so dein Selbstverständnis.

In den folgenden Kapiteln werden wir einige dieser Techniken vertiefen und zeigen, wie diese Praktiken verschiedene Aspekte deines Lebens und deiner Gehirngesundheit unterstützen können. Im Anhang findest du Audioguides, die dir die oben genannten Praktiken vorstellen.

Achtsame Ideen zur Förderung der Gehirngesundheit

Achtsame Meditation, die wir in einem späteren Kapitel besprechen, kann Geist und Körper helfen, sich neu zu orientieren.

In der Zwischenzeit bieten die folgenden Ideen eine Möglichkeit, deinen Tag mit kurzen, realisierbaren Selbstfürsorgepraktiken und Aktivitäten zu ergänzen, die dein Gehirn aktiv und wach halten. Die hier vorgestellten Ideen solltest du in Betracht ziehen, wenn du die Stressreaktionen deines Körpers beruhigen und mit der Zeit ein besseres Gefühl für emotionale Regulierung und Bewusstsein erlangen willst.

Zur Erinnerung: Die folgenden Ideen sind nicht dazu gedacht, auf einmal erledigt zu werden. Sie sind auch nicht dazu gedacht, in einem Satz angegangen zu werden. Stattdessen bietet dir diese Liste eine

Auswahl an Optionen, wenn du eine Aktivität ausprobieren möchtest, die die Gesundheit deines Gehirns fördert.

- Setze dir bewusst Grenzen für die Bildschirmzeit und praktiziere einen achtsamen Umgang mit der Technologie, indem du Pausen einlegst, um deine Augen auszuruhen und deine Aufmerksamkeit von den digitalen Ablenkungen weg zu lenken.

- Vereinfache die Entscheidungsfindung, indem du die Anzahl der Optionen reduzierst, wann immer dies möglich ist, denn eine Fülle von Wahlmöglichkeiten kann den Verstand überfordern und zu geistiger Ermüdung führen.

- Mache To-Do-Listen und streiche die Aufgaben ab. Beobachte, wie sich das Gefühl der Erledigung anfühlt.

- Finde Möglichkeiten, um jeden Tag Routinen zu schaffen. Beginne zum Beispiel damit, jeden Tag zur gleichen Zeit ins Bett zu gehen und aufzuwachen. Führe ein Tagebuch, um zu verfolgen, wie du dich im Laufe des Tages fühlst.

- Schütze deine Zeit und setze dir selbst Grenzen. Achte darauf, wie du dich fühlst, wenn du dir etwas Zeit zum Ausruhen und Auftanken genommen hast.

- Erstelle eine Liste mit den drei wichtigsten Menschen, die dich glücklich machen, und sende ihnen eine Nachricht, um ihnen zu sagen, wie dankbar du bist, sie in deinem Leben zu haben.

- Erstelle eine Liste mit den drei wichtigsten Dingen, die dir Frieden bringen. Plane in deiner Woche Zeit für diese Dinge ein. Sei es ein Kaffee in einem Café, ein Treffen mit einem Freund, ein Spaziergang mit deinem Hund oder ein fauler Tag.

- Finde Wege, um dich für gut gemachte Arbeit oder erledigte Aufgaben zu belohnen. Lass dich von dieser Belohnung motivieren, weiter etwas zu leisten.

- Führe ein Dankbarkeitstagebuch. Nimm dir am Ende eines jeden Tages ein wenig Zeit, um über deinen Tag nachzudenken und schreibe drei Dinge auf, für die du dankbar bist. Das können so kleine Dinge sein wie ein leckerer Snack oder eine nette Bemerkung von einem lieben Menschen.

- Übe aktives Zuhören bei Gesprächen, Besprechungen oder beim Genießen von Musik, indem du deine Sinne voll einbeziehst und geistige Ablenkungen reduzierst.

- Was ist etwas, über das du schon immer mehr wissen wolltest? Nimm dir Zeit, um deiner Neugier nachzugehen, indem du ein Buch liest, einen Dokumentarfilm ansiehst, an einem Vortrag teilnimmst oder ein Museum besuchst.

- Verbringe Zeit in der Natur. Grüne Flächen (wie ein Park, ein Wald oder ein Feld) und blaue Flächen (wie das Meer, ein See oder ein Fluss) tragen nachweislich dazu bei, unseren Geist zu beruhigen und Gefühle der Zufriedenheit zu fördern.

- Iss Lebensmittel, die reich an Vitaminen und Antioxidantien sind, wie Spinat, Grünkohl, Omega-3-Fettsäuren, Olivenöl und Avocado. Schränke übermäßiges Essen ein, indem du die Portionsgrößen reduzierst.

- Bleibe mit deiner Gemeinde in Verbindung und überlege dir, ob du dich an sozialen Aktivitäten beteiligen willst.

- Lerne Tai Chi, eine sanfte Form der Kampfkunst, um dein Gleichgewicht, deine Koordination und deine kognitiven Fähigkeiten zu verbessern und dich zu entspannen.

- Spiele Denkspiele wie Puzzles und merke, wie es sich anfühlt, sich selbst eine Herausforderung zu geben.

- Schränke deinen Alkoholkonsum ein. Du könntest ein Tagebuch darüber führen, wann du Alkohol trinkst und wie du dich danach fühlst. Beobachte, wie er sich auf dich auswirkt, und nimm

Änderungen vor, die dich dabei unterstützen, dich so zu fühlen, wie du es möchtest.

- Vereinbare regelmäßige Kontrolltermine bei Ärzten, z. B. für Augenuntersuchungen, und bei deinem Zahnarzt. Diese kleinen Dinge können sehr befriedigend sein und dir das Gefühl geben, dass du dich proaktiv um dich kümmerst.

- Nimm den Weg, mit dem Rauchen aufzuhören, als eine achtsame Praxis wahr und kultiviere das Bewusstsein für die schädlichen Auswirkungen des Rauchens auf die körperliche Gesundheit und das psychische Wohlbefinden.

- Schränke den Zucker in deiner Ernährung ein, aber zwinge dich nicht zum Verzicht, wenn du eine Naschkatze bist. Wenn du etwas Süßes isst, lass dir Zeit, genieße es und genieße den Moment.

- Stelle dir eine Stunde vor dem Schlafengehen einen Wecker, um dein Gehirn und deinen Körper daran zu erinnern, dass sie sich für die Nacht zurückziehen müssen. Entwickle eine unterstützende Routine für eine erholsame Nacht, die Dehnübungen, Tagebuchschreiben, einen Kräutertee, Lesen oder alles andere beinhaltet, was dir hilft.

Hinweis: Die oben genannten Ideen zur Selbstfürsorge helfen dir, dein Gehirn und deinen Körper auf regelmäßige Achtsamkeitsmeditationen einzustellen. Im Anhang findest du kostenlose Audioguides zu Achtsamkeitsmeditationen. Nutze diese Audioanleitungen zusammen mit den oben genannten Selbstfürsorgepraktiken, wenn du dein "Jahr der Achtsamkeit" beginnst.

Die wichtigsten Erkenntnisse

Wenn du überlegst, wie du mehr Achtsamkeitsübungen in dein Leben einbauen kannst, werde kreativ mit den Möglichkeiten, die sich dir bieten. Höre auf deine innere Stimme, wenn du entscheidest, welche Aktivitäten sich für dich richtig und sinnvoll anfühlen.

- Das Gewebe im Gehirn steuert Sinnesfunktionen, Bewegung, Gedächtnis und Sprache.

- Die vier Lappen des Gehirns - Frontal-, Parietal-, Temporal- und Okzipitallappen - ermöglichen es dem Menschen, Erfahrungen aufzunehmen, zu verarbeiten und auf sie zu reagieren.

- Der Hirnstamm und das Kleinhirn steuern bestimmte Bewegungen des Körpers.

- Forschungsstudien zeigen, dass die graue Substanz des Gehirns und die Gehirnnetzwerke auf achtsame Praktiken reagieren und sich positiv auf den Einzelnen auswirken.

Wenn wir über die grundlegende Diskussion der Auswirkungen von Achtsamkeitspraktiken auf das Gehirn hinausgehen, werden wir anfangen, spezifischere Aspekte des Gedächtnisses und der kognitiven Funktionen zu untersuchen, um die Gesundheit des Gehirns zu fördern.

Kapitel 3:

Gedächtnis und Achtsamkeit

Atme tief ein und dann lange aus. Was riechst du genau in diesem Moment? Wenn du dich in der Nähe eines Blumenarrangements, eines Lufterfrischers oder eines bestimmten Lebensmittels befindest, fällt es dir wahrscheinlich leichter, schnell herauszufinden, welche Erinnerung dieser Duft bei dir auslösen könnte.

Der Geruchssinn ist einer unserer stärksten Sinne, der das Gedächtnis unterstützt. "Das charakteristischste Merkmal der durch Gerüche ausgelösten Erinnerungen und der Grund, warum sie für die menschliche Gesundheit und das Wohlbefinden so wichtig sind, ist, dass sie mehr emotionale und aufrüttelnde Erinnerungen hervorrufen als Erinnerungen, die durch irgendeinen anderen Sinneseindruck ausgelöst werden" (Herz, 2016). Wahrscheinlich hattest du in deiner jüngeren Vergangenheit schon einmal eine Erinnerung, die durch einen bestimmten Sinn ausgelöst wurde. Ich kann mich zum Beispiel immer noch an den Duft von Duftölen im Haus meiner Großmutter erinnern und wenn ich heute einen ähnlichen Duft rieche, fühle ich mich direkt an meine Besuche in ihrem Haus in meiner Kindheit zurückversetzt.

Wir alle haben Erinnerungen, die für uns wichtig sind und die unsere Persönlichkeit geprägt haben. Wir sind eine Spezies, die durch Erfahrung lernt, und jede Erinnerung, die wir haben, trägt zu unserer Entscheidungsfähigkeit in der Gegenwart bei. Daher kann unser Potenzial, die tief verwurzelten Gedanken unseres Geistes anzuzapfen,

Aufschluss darüber geben, was für ein Mensch wir sind und was wir anstreben.

Die Macht des Geistes und des Gedächtnisses

Der bewusste Verstand ist dynamisch und produktiv. Es funktioniert automatisch, ohne dass sich der Mensch auf die Kommunikation zwischen den Synapsen im Gehirn konzentrieren muss. Wenn du schon einmal an einem dir unbekannten Ort aufgewacht bist, z. B. im Haus eines Freundes oder in einem Hotelzimmer, hast du erlebt, dass dein Verstand schnell arbeitet, um sich an die Situation zu erinnern und sich einen Reim auf die Umgebung zu machen. Unser Bewusstsein greift auf frühere Erfahrungen und Kenntnisse zurück und speichert sie, damit wir mit Situationen vertraut bleiben, die sich sonst unangenehm anfühlen könnten.

Was passiert also, wenn eine Verletzung des Gehirns oder eine Krankheit die Wahrnehmung der Umgebung trübt oder Gedächtnislücken verursacht? In diesem Fall können die kognitiven Fähigkeiten und die Wahrnehmung einer Person so stark beeinträchtigt sein, dass es schwieriger ist, sich zu konzentrieren und mehr Zeit für die Verarbeitung von Sinnesinformationen benötigt wird. Eine Verletzung oder Erkrankung des Gehirns kann nicht nur das Gedächtnis beeinträchtigen, sondern auch die Entscheidungsfindung, die Fähigkeit zum Multitasking und die Kommunikation in Wort und Schrift (Mayo Clinic, 2021). Darüber hinaus kann es zu körperlichen und verhaltensbezogenen Veränderungen kommen. In Fällen, in denen eine Person eine Kopfverletzung mit Gehirnerschütterung erleidet, kommt es zum Beispiel zu blinden Flecken, Gleichgewichtsstörungen, Stimmungsschwankungen und Schwierigkeiten, einem Gespräch zu folgen (Mayo Clinic, 2021). Wenn man bedenkt, welche Auswirkungen die Grundfunktionen des Gehirns auf die tägliche Produktivität, das Erinnerungsvermögen und die Sprache haben, kann jede negative Auswirkung, die durch ein Kopftrauma verursacht wird, die Funktionsfähigkeit des Gehirns beeinträchtigen.

Arbeits- und Episodengedächtnis

Die Fähigkeit eines Menschen, seine Aufmerksamkeit auf eine Aufgabe zu richten und sich daran zu erinnern, wie diese Aufgabe auszuführen ist, ist entscheidend dafür, wie wir unsere Arbeit erledigen, uns um uns selbst kümmern und täglich mit anderen interagieren. Das Arbeitsgedächtnis ist eine Art von Gedächtnis, das kurzfristige Informationen speichert, damit wir eine Aufgabe effektiv erledigen können. Das Potenzial unseres Gedächtnisses zu erhalten oder sogar zu verbessern, ist in unserer Gesellschaft zu einem Wirtschaftszweig geworden, in dem strategische Wege der Selbstverbesserung und Produktivität hoch im Kurs stehen. Wenn du lernst, wie Achtsamkeit dem Gehirn und dem Gedächtnis zugute kommt, kann jeder Einzelne seine geistigen Fähigkeiten im Laufe des Tages besser nutzen.

Das episodische Gedächtnis ist eine Form des Langzeitgedächtnisses und gibt uns die Fähigkeit, uns an bestimmte Ereignisse aus der Vergangenheit zu erinnern. Es steuert unser Verhalten und gibt uns die Möglichkeit, aktuelle und zukünftige Entscheidungen zu treffen. Das episodische Gedächtnis unterliegt sowohl neurologischen Beeinträchtigungen als auch dem altersbedingten Rückgang (Brown et al., 2016). Schutzmaßnahmen wie Achtsamkeitsübungen können die Fähigkeit einer Person verbessern, ihr episodisches Gedächtnis zu erhalten und sich an Ereignisse zu erinnern.

Achtsamkeitstraining gibt es in zwei Hauptformen: "fokussierte Aufmerksamkeit" und "offene Beobachtung" (Brown et al., 2016). Das Training der fokussierten Aufmerksamkeit, auch FA-Training genannt, beinhaltet praktische Übungen, die die Aufmerksamkeit einer Person lenken und ihr helfen, ihre Umgebung wahrzunehmen. Diese Art des Achtsamkeitstrainings hat sich als erfolgreich erwiesen, wenn es um Aufgaben geht, die Konzentration und anhaltenden Fokus erfordern. Durch das Achtsamkeitstraining wird das Arbeitsgedächtnis gestärkt und die Wahrscheinlichkeit, dass es zusammenbricht, verringert (Brown et al., 2016).

Mentales Notieren

Da Erinnerungen aus der Vergangenheit unsere sensorischen Funktionen auslösen können, ist es kein Wunder, dass Achtsamkeitspraktiken direkt mit der Verbesserung des Gedächtnisses verbunden sind. Praktiken wie Yoga, Meditation und Bodyscanning können uns dabei helfen, uns an bestimmte Ereignisse zu erinnern, aber sie geben uns auch die Möglichkeit, diese Ereignisse mit einem ruhigen und objektiven Fokus zu betrachten.

Eine beliebte Technik während der Meditation ist das "mentale Notieren", bei dem man die Gedanken, die man während der Meditation hat, anerkennt, aber zulässt, dass sie durch den Kopf gehen, als ob sie vom Teilnehmer einfach nur beobachtet werden (Kabat-Zinn, 1994). Manche Menschen stellen sich vor, dass ihre Gedanken in Wolken schweben oder auf schriftlichen Notizen an ihnen vorbeiziehen, während sie mental notieren.

Um dieses mentale Notieren selbst auszuprobieren, suche dir einen bequemen Platz, an dem du in den nächsten fünf Minuten nicht unterbrochen wirst. Schließe deine Augen und beginne, langsam durch die Nase ein- und auszuatmen. Konzentriere dich zunächst darauf, deinen Körper und deinen Geist zu beruhigen, damit dein Gehirn die Chance hat, sich auf diese Praxis einzustellen. Nach ein oder zwei Minuten wirst du wahrscheinlich bemerken, dass du Gedanken darüber hast, was du als Nächstes tun musst, wie dein Tag bisher war, was du zum Abendessen essen möchtest und so weiter.

Diese hektische Gehirnaktivität passiert jedem, vor allem denjenigen, die neu in der Meditation sind, also lass dich davon nicht frustrieren. Stelle dir stattdessen einfach das Bild oder den Wortlaut deines Gedankens auf einer Wolke vor und stelle dir vor, wie er an dir vorbeischwebt.

Das Ziel ist es, den Gedanken in deinem geschäftigen Kopf die Chance zu geben, gesehen zu werden, aber keine Macht zu bekommen. Mit geschlossenen Augen kannst du dir vorstellen, dass sie existieren, aber du kannst auch lernen, sie an dir vorbeiziehen zu lassen.

Es braucht etwas Übung, um sich mit dieser Erfahrung anzufreunden, denn viele von uns wollen sich auf eine Aufgabe fixieren oder sie zu

Ende bringen, wenn sie das erste Mal daran denken. Keine Sorge - mit der Zeit wird das mentale Notieren einfacher.

Wenn du diese Technik praktizierst, solltest du auch an das Endziel denken. Wenn du das mentale Notieren übst, kannst du entspannt dasitzen, deine Gedanken beobachten und jeden Gedanken mit Gelassenheit betrachten, weil du dich nicht mehr darum bemühen musst, ihn genau in diesem Moment zu erledigen. Du lernst einfach, sie zu beobachten, sie stehen zu lassen und dich mit ihnen zu beschäftigen, wenn die Zeit reif ist.

Gehirntraining für das Gedächtnis

Wann hast du das letzte Mal einen Raum betreten und wusstest nicht mehr, wozu du da warst? Unser Gehirn ist wie ein Muskel, und wenn wir ihn trainieren, wird er stärker. Wenn du anfängst, so über dein Gehirn zu denken, kann es dir helfen, positivere Entscheidungen darüber zu treffen, welche Aktivitäten du deinem Gehirn erlaubst und von welchen du dich lieber fernhalten solltest.

Auch wenn das Leben uns mit Stress konfrontiert und man nicht alles vermeiden kann, haben wir doch einen gewissen Einfluss darauf, was wir unserem Körper und unserem Geist täglich zumuten. Wenn du zum Beispiel Nacht für Nacht schlecht schläfst, kann sich das auf deine Stimmung und deine Fähigkeit, Erinnerungen abzurufen, auswirken. Die meisten Menschen haben zwar nicht vor, schlecht zu schlafen, aber sie tun sich auch keinen Gefallen, wenn sie vor dem Einschlafen fernsehen oder zu kurz vor dem Schlafengehen Koffein zu sich nehmen.

So wie jemand in eine Mitgliedschaft im Fitnessstudio investiert, um sich gesünder zu fühlen und Kraft zu sammeln, kann das Üben von Gehirntraining das Gedächtnis mit der Zeit verbessern und dem Gehirn helfen, Überreizung zu vermeiden. So wie man durch Wiederholungen Muskelmasse aufbaut, kann man sich durch wiederholte Übungen für das Gehirn angewöhnen, das Gedächtnis zu stärken.

Achtsame Techniken können beim Gehirntraining helfen, indem sie es einer Person ermöglichen, sich intensiver auf ihre Umgebung zu konzentrieren und einer Aufgabe mehr Aufmerksamkeit zu widmen. Eine Studie über Achtsamkeit hat ergeben, dass sich das Training des Gehirns durch Meditation oder achtsame Aktivitäten wie Yoga positiv auf das episodische Gedächtnis auswirkt und die Motivation der Teilnehmer/innen erhöht, auch andere Aktivitäten als Meditation und Yoga durchzuführen (Brown et al., 2016). Betrachte Gehirntraining als den Extrakredit, der dein Leben verbessert. Wenn du Gehirntrainingstechniken anwendest, kannst du deinen Geist schärfer halten und die Leistungsfähigkeit deines Gehirns verlängern.

Achtsame Ideen für das Gedächtnis

Um dein Gehirntraining erfolgreich zu gestalten, solltest du zunächst Zeit für dich selbst einplanen, damit du dir den nötigen geistigen und körperlichen Freiraum schaffen kannst. Es ist möglich, das Gehirntraining sowohl bei der Arbeit als auch zu Hause zu absolvieren, aber du musst klein anfangen, um Ausdauer zu entwickeln. Konzentriere dich zunächst auf kleine Übungen, bis du dir angewöhnt hast, das Gehirntraining in deinen Tag einzubauen.

Wie bei jeder Aktivität gilt auch hier, dass du schnell aufgibst, wenn du dich zu sehr anstrengst. Nimm dir also einen kurzen Moment Zeit, um mit einer Aktivität aus der folgenden Liste zu beginnen. Vielleicht möchtest du einfach zehn Minuten vor dem Schlafengehen reservieren, um über deinen Tag zu schreiben oder dein Gehirn mit einer geführten Meditation zu beruhigen. Mit der Zeit kannst du zu Aktivitäten übergehen, die mehr Gehirnleistung erfordern, aber fang erst einmal mit etwas an, das dir leicht fällt und dir ein schnelles Erfolgserlebnis verschafft.

Die folgenden Ideen können dir dabei helfen, kreativer mit deiner Zeit und deinen Errungenschaften umzugehen. Diese Ideen sind allgemeine Wege, um auf dein Gehirn aufzupassen. Sie können dir als Ausgangspunkt dienen, um deine Einstellung zu ändern und die Bedeutung der Gesundheit deines Gehirns zu schätzen.

- Beginne den Tag mit einer Liste der drei wichtigsten Dinge, die du erledigen musst.

- Mach jede Stunde eine "Bildschirmpause" (geh ein paar Minuten umher, bevor du dich wieder an den Bildschirm setzt). Versuche dich zu dehnen und achte auf deinen Körper, bevor du dich wieder hinsetzt.

- Schreibe eine Geschichte über eine Erinnerung aus deiner Kindheit. Denke beim Schreiben an alle Sinne: Was kannst du sehen, hören, riechen und schmecken? Sprich mit deinen Eltern oder einem anderen Familienmitglied über eine deiner Kindheitserinnerungen, um zu sehen, woran sie sich erinnern und um eure Geschichten zu vergleichen.

- Besuche eine Bibliothek. Leih dir ein neues Buch aus, das dich interessiert, und versuche, jeden Tag mindestens 30 Minuten zu lesen, bis du das Buch beendet hast.

- Schlafe jede Nacht sieben bis neun Stunden durchgängig (unser Gehirn gedeiht, wenn wir die richtige Menge an Schlaf für unseren Körper bekommen).

- Fang an, jeden Morgen deine Träume aufzuschreiben. Fallen dir Themen oder Botschaften auf, die immer wieder auftauchen? Wie könnten sie sich auf deinen Alltag beziehen?

- Entdecke deine Neugierde und lerne etwas Neues über ein Thema, das dich schon länger interessiert. Besuche ein Museum oder einen Workshop, besuche einen Vortrag oder lese ein Buch über das Thema.

- Visualisiere deinen Tag oder ein wichtiges Ereignis, bevor es passiert. Gehe mit deinem Gehirn jedes Detail durch, bevor es passiert.

- Veranstalte einen Spieleabend mit Freunden und/oder der Familie. Plane ein paar lustige Aktivitäten wie ein Brettspiel, Scharade oder ein Quiz, die du gemeinsam machen kannst.

- Lies eine Biografie von jemandem, den du bewunderst oder über den du wenig weißt.

- Schreibe einen Tagebucheintrag, in dem du alle Ereignisse deines Tages aufschreibst.

- Probiere ein neues körperliches Hobby aus, bei dem du eine Abfolge lernen musst, wie zum Beispiel einen Tanzkurs. Unterstütze dein Gedächtnis, indem du jede Woche teilnimmst und die erlernten Schritte vertiefst.

- Bringe Abwechslung in deine Routine, um dein Gedächtnis für die Orte, die du regelmäßig besuchst, zu verbessern. Du könntest einen neuen Weg zur Arbeit nehmen, zu Fuß gehen, statt mit dem Auto oder den öffentlichen Verkehrsmitteln zu fahren, oder am Wochenende ein neues Café besuchen - all das hilft, verschiedene Teile deines Gehirns und deines Gedächtnisses zu aktivieren.

- Fordere dich auf neue Art und Weise mit Sprache heraus. Du könntest eine neue Sprache lernen, in einem Kurs die Grundzüge der Gebärdensprache erlernen oder dich über neue Wörter und Vokabeln informieren, die du in deinem täglichen Leben verwenden kannst.

- Schreibe einen Tagebucheintrag über ein Gespräch, das du im Laufe des Tages geführt hast. An welche Details kannst du dich erinnern?

- Bringe jemandem eine Fähigkeit oder etwas, das du kennst, bei. Anderen etwas beizubringen ist eine gute Möglichkeit, unser Wissen und unsere Erinnerung an die Dinge, die uns interessieren und wichtig sind, zu festigen.

- Verbringe Zeit mit Menschen, die du liebst, um schöne Erinnerungen zu schaffen!

Hinweis: Die oben genannten Ideen zur Selbstfürsorge helfen dir, dein Gehirn und deinen Körper auf regelmäßige Achtsamkeitsmeditationen einzustellen. Im Anhang findest du kostenlose Audioguides zu Achtsamkeitsmeditationen. Nutze diese Audioanleitungen zusammen mit den oben genannten Selbstfürsorgepraktiken, wenn du dein "Jahr der Achtsamkeit" beginnst.

Die wichtigsten Erkenntnisse

Du hast dir wahrscheinlich schon überlegt, wie du die Achtsamkeitsideen in diesen Kapiteln in dein Leben integrieren kannst. Manche Aktivitäten sind einfacher als andere, also wähle diejenigen aus, von denen du glaubst, dass sie deine Achtsamkeitspraxis bereichern.

- Kognitive Fähigkeiten und das Bewusstsein werden beeinträchtigt, wenn das Gehirn Verletzungen erleidet, die sich auf das Bewusstsein, das Gedächtnis und die Kommunikation auswirken.

- Das Training des Gehirns mit Achtsamkeitsübungen kann das Gedächtnis und die Erinnerungsfunktionen des Gehirns verbessern.

- Die Kommunikation innerhalb des Gehirns wird bei Bewusstlosigkeit schwieriger.

- Aktivitäten wie mentales Notieren können zu einer Beobachtung der Gedanken ohne Bewertung führen.

- Die Selbstwahrnehmung und das Gedächtnis verbessern sich durch achtsame Techniken, die es den Menschen ermöglichen, sich auf ihre aktuelle Situation zu konzentrieren.

Achtsame Aktivitäten fördern nicht nur das Gedächtnis, sondern auch die kognitiven Funktionen des Gehirns. Im nächsten Kapitel werden wir uns genauer ansehen, wie die emotionale Intelligenz durch achtsame Lebensentscheidungen und -praktiken verbessert werden kann.

Kapitel 4:

Steigerung der kognitiven Leistungsfähigkeit durch achtsame Techniken

Du hast es schon einmal gehört, aber die Idee "Niemals aufhören zu lernen" ist wirklich wichtig, wenn es darum geht, die Funktionen des Gehirns zu verbessern. Du hast bereits erfahren, wie wichtig Gehirntraining für das Gedächtnis sein kann. Jetzt ist es an der Zeit, einen genaueren Blick darauf zu werfen, wie achtsame Techniken die anderen wichtigen Funktionen des Gehirns fördern. So wird nicht nur das Gehirn durch kognitive Aktivitäten gestärkt, sondern auch die Emotionen beruhigt und die Gedanken auf die Gegenwart konzentriert.

Stell dir vor, du wachst morgens auf und dir gehen die Gedanken an deine To-Do-Listen durch den Kopf. Du gehst schnell deiner typischen Morgenroutine nach, putzt dir die Zähne, duschst, ziehst dich an und frühstückst, während die bedrohlichen Erinnerungen an das, was du noch zu erledigen hast, über dir schweben und jede Aufgabe weniger angenehm machen.

Stell dir vor, du wachst auf und erledigst die gleichen morgendlichen Aufgaben, aber du fühlst dich ruhig und gelassen, während du dich auf jede Aufgabe konzentrierst und im Moment bleibst, während du sie erledigst.

Wenn sich das unmöglich oder unpraktisch anhört, überlege einen Moment, warum dein Gehirn jeden Tag versucht, Multitasking zu betreiben. Viele von uns neigen dazu, mit den Gedanken zu rasen, wenn unser Körper auf Autopilot ist und die sich wiederholenden Tätigkeiten ausführt, auf die wir ihn über die Jahre trainiert haben. Bis zu einem gewissen Grad ist unser Geist von den körperlichen Aufgaben, die wir immer wieder ausführen, "gelangweilt" und sucht nach Möglichkeiten, unsere Zeit effizienter zu nutzen. Auch wenn wir uns das einreden, geht Multitasking für viele von uns nicht gut aus.

Wenn dir das bekannt vorkommt, kann dir die Praxis der Achtsamkeit helfen, zu wachsen und dich an Veränderungen anzupassen. Indem du Achtsamkeitspraktiken in deinen Tag einbaust und dein Gehirn darauf trainierst, sich auf den gegenwärtigen Moment zu konzentrieren, kannst du dir eine Gewohnheit aneignen, die deine Konzentrationsfähigkeit den ganzen Tag über fördert. Meditieren ist zum Beispiel eine Möglichkeit, den Geist zu zentrieren und die Gedanken zu beobachten, die in unserem Gehirn ein- und ausströmen, aber die meisten von uns würden nicht versuchen, während des Meditierens Fahrrad zu fahren, einen Film anzuschauen und ein Sandwich zu machen, oder?

Wenn wir uns auf eine Meditationspraxis einlassen, müssen wir andere Aufgaben für den Tag beiseite legen und für eine bestimmte Zeit in die Stille gehen. Das ist es auch, was manche Menschen davon abhält, Meditation zu praktizieren. Wir sind so sehr damit beschäftigt, den ganzen Tag über Aktivitäten zu erledigen, dass wir es für Zeitverschwendung halten, eine Meditationspause einzulegen. Das ist oft die Einstellung, die Menschen davon abhält, die Vorteile dieser Praxis zu nutzen.

Anstatt eine Achtsamkeitspraxis als Unterbrechung zu betrachten, solltest du sie als eine Möglichkeit sehen, Achtsamkeit in jede tägliche Aufgabe einzubauen. Beim Zähneputzen, beim Essen oder beim Abwaschen können wir achtsam sein, unsere Gedanken wahrnehmen und dankbar sein, dass wir diese Tätigkeiten ausüben können.

Das Gehirn ankurbeln

Um die Vorteile einer achtsamen Praxis zu nutzen, müssen wir vielleicht erst einmal verstehen, worauf wir uns genau einlassen. Achtsamkeit ist eine Praxis, die in vielen Weltanschauungen und Religionen verwurzelt ist, vom Hinduismus über den Buddhismus bis zum Christentum.

Als Praxis wurde sie in der westlichen Welt bekannter, als der Autor, Professor und Begründer der "Stress Reduction Clinic", Jon Kabat-Zinn, begann, andere über den Wert der Achtsamkeit in Verbindung mit Stressabbau zu unterrichten (Kabat-Zinn, 2013). Es war ein revolutionärer Ansatz, als er diese Philosophie erstmals zur Behandlung von chronischen Schmerzen vorstellte. Als ich einen Dokumentarfilm über Jon Kabat-Zinns Arbeit gesehen habe, hat mich das inspiriert, die Achtsamkeitsforschung in den neurologischen Kontext zu bringen.

Diese Philosophie betont die Achtsamkeit als einen nicht wertenden Umgang mit unseren Gedanken, so dass wir den Geist trainieren können, innere und äußere Erfahrungen anzuerkennen. So haben wir die Chance, unsere Gedanken ohne die Emotionen oder den Druck, den wir ihnen auferlegen, zu verwirklichen.

Stell dir dein Gehirn als eine Energiequelle vor. Wenn wir es mit neuen, abwechslungsreichen Informationen stimulieren, wird es zum Leben erweckt und gewinnt an Vitalität. Wenn wir es durch die Wiederholung achtsamer Aktivitäten, die sich angenehm anfühlen, trainieren, lernt es, sich auf diese Quelle der Versorgung zu verlassen.

Ganzheitliches Yoga

Da eine ganzheitliche Yogapraxis Körper, Geist und Seele stärkt, kann diese Aktivität der perfekte Weg sein, um deine Reise der Achtsamkeit zu beginnen. In Studien über das Wohlbefinden und die Widerstandsfähigkeit verschiedener Bevölkerungsgruppen fanden Forscher heraus, dass "selbst eine einzige Yogastunde einen statistisch signifikanten Effekt auf die Verbesserung der Stimmung von 113 stationären Psychiatriepatienten hatte. Die Patienten waren nach der Teilnahme an einer Yogastunde deutlich weniger angespannt/ängstlich, weniger deprimiert/deprimiert, weniger wütend/feindselig, weniger verwirrt/verwirrt und weniger erschöpft" (Hartfiel et al., 2011).

Ganzheitliches Yoga zielt darauf ab, den Menschen als Ganzes zu pflegen, und diese Praxis ermutigt eine Person dazu, an Bewegungen teilzunehmen, die sich für ihren Körper und ihren Geist richtig anfühlen. Das Ziel ist es, Selbsterkenntnis zu erlangen und unsere Gedanken zu verlangsamen, damit wir in einem Zustand des gegenwärtigen Bewusstseins existieren können. Deshalb wird die Praxis gefördert, zu akzeptieren, wozu der Körper fähig ist, und die Bewegungen an diese Fähigkeit anzupassen. Ganzheitliches Yoga konzentriert sich auch auf die Atembewusstheit, um ein ruhiges Bewusstsein zu fördern, und betont die Harmonie des Körpers als Ganzes durch eine gesunde Lebensweise.

Achtsame Meditation

Indem man die Sinne und die Aufmerksamkeit des Geistes stärker einbezieht, kann man geistige Offenheit und Bewusstheit erlangen, die sich auf zahlreiche Aktivitäten im Leben auswirken. Die Praxis der Meditation, die sich auf die achtsame Beobachtung von Gedanken und Gefühlen konzentriert, kann einen großen Einfluss darauf haben, wie wir Stress abbauen und unsere geistigen Fähigkeiten stärken können. "Studien mit Selbstauskünften gesunder Personen haben gezeigt, dass Achtsamkeitsmeditation negative Stimmungszustände verringert, positive Stimmungszustände verbessert und ablenkende und grüblerische Gedanken und Verhaltensweisen verringert" (Hölzel, Lazar, et al., 2011).

Es gibt eine Vielzahl von Techniken für die Achtsamkeitsmeditation. Zu Beginn deiner Achtsamkeitsreise kann es hilfreich sein, eine Praxis zu wählen, die sich sowohl beruhigend als auch anregend anfühlt. Auf diese Weise ist es wahrscheinlicher, dass du bei einer langfristigen Praxis bleibst, um noch mehr Nutzen aus der Achtsamkeitsübung zu ziehen. Die Achtsamkeitsmeditation erfordert zwar etwas Anstrengung, hat aber den Vorteil, dass sie eine kostenlose und unkomplizierte Möglichkeit ist, ein Gefühl der Erleichterung zu verspüren, wenn du deine Gedanken wahrnimmst, ohne dich von ihnen vereinnahmen zu lassen.

Wenn du dich darin üben möchtest, achtsam zu meditieren, ist jetzt ein guter Zeitpunkt, um es auszuprobieren. Im Anhang findest du den Zugang zu kostenlosen Audioguides, die dir dabei helfen. Um einen kleinen Vorgeschmack auf die dort verfügbaren Bonusinhalte zu bekommen, lass uns jetzt eine kurze Übung machen.

Setze dich an einen ruhigen Ort, an dem du in den nächsten Minuten nicht unterbrochen wirst. Stell dir bei Bedarf einen Timer, aber versuche, nicht auf die Sekunden zu achten, während du meditierst. Der Timer ist nur dazu da, dich in den gegenwärtigen Moment zurückzubringen, wenn du mit der Meditation fertig bist. Schließe nun deine Augen und atme. Nimm wahr, wie du dich in deinem Geist und deinem Körper fühlst. Konzentriere dich auf deine Atmung. Nach einigen Minuten merkst du vielleicht, dass dein Geist zu anderen Gedanken abschweift. Das ist ganz normal und zu erwarten. Wenn das passiert, lenke deine Gedanken sanft auf deine Atmung zurück. Wenn dir Ideen in den Sinn kommen, kannst du sie in eine imaginäre Box oder auf eine Wolke legen und dir vorstellen, wie sie an dir vorbeiziehen. Beobachte sie einfach, ohne dich in den Gedanken zu verfangen oder dich von ihnen stressen zu lassen, und beobachte sie, während sie vorbeiziehen.

Nachdem du eine Weile meditiert hast, ist es wichtig, dich sanft in die nächste Aktivität zu führen. Gib dir ein paar Minuten Zeit, um die Auswirkungen der gerade durchgeführten Übung zu verinnerlichen, und gehe dann achtsam zu deiner nächsten Aufgabe über.

Zusätzliche Meditationstechniken

Andere meditative Praktiken sind eine Untergruppe der Achtsamkeitsmeditation und betonen Körperbewusstsein, Mitgefühl und konzentrierte Aufmerksamkeit. Diese Praktiken haben sich als therapeutisch erwiesen und helfen Patienten und Teilnehmern, Schmerzen und ängstliche Gedanken zu lindern.

Geist-Körper-Bewusstsein

Wenn man sich bewusst macht, wie sich der eigene Körper anfühlt und wie er auf seine Umgebung reagiert, kann das einem dabei helfen, langsamer zu werden und darauf zu achten, wie Gehirn und Körper im Einklang arbeiten.

In einer Studie über die Auswirkungen von Körper-Geist-Meditationspraktiken konzentrierten sich 32 Brustkrebsüberlebende während der Meditation auf die Entspannung von Körperteilen, um zu erkennen, welche Bereiche sich angespannt oder unangenehm anfühlten (Valluri et al., 2024). Auf diese Weise konnten die Teilnehmerinnen verstehen, dass ihre Verspannungen mit Erinnerungen an das Trauma, das sie durch ihre Krankheit erlebt hatten, verbunden waren. Dieses Wissen konnten sie nutzen, um positive Gedanken auf die Körperbereiche zu lenken, die Aufmerksamkeit und Entspannung benötigten.

Barmherzigkeit

Da meditative Praktiken eng mit dem Buddhismus verbunden sind, waren Selbstliebe und Freundlichkeit schon immer Teil der Praxis. Das Konzept, genug Mitgefühl für sich selbst zu haben, um einen Gedanken urteilsfrei zu betrachten, ermöglicht es einem Menschen, eine positive Verbindung zwischen Geist und Körper herzustellen. Wir können uns unserer Stärken und Schwächen bewusst werden und dies nutzen, um die Entscheidungen, die wir treffen, und ihre Folgen besser zu verstehen.

In einer Studie über Praktiken der liebenden Güte nahmen Veteranen, die traumatische Erfahrungen gemacht hatten und in der Vergangenheit zu Wutanfällen neigten, an einer Meditation teil, die sich auf Mitgefühl konzentrierte (Valluri et al., 2024). Sie konzentrierten sich auf tiefe Atemübungen und Selbstmitgefühl und stellten fest, dass stressige Gedanken mit dieser Technik nachließen.

Gezielte Aufmerksamkeit

Es gibt ein paar Möglichkeiten, konzentrierte Aufmerksamkeit zu üben.

Wenn du dir schon einmal vor einem stressigen Ereignis aufmunternde Worte gegeben oder eine positive Affirmation wiederholt hast, hast du etwas Ähnliches wie die Meditation mit fokussierter Aufmerksamkeit praktiziert. Indem du dich auf einen positiven Aspekt einer Situation konzentrierst, kannst du deine ängstlichen Gedanken oder körperlichen Schmerzen verringern.

Transzendentale Meditation (TM) haben die Teilnehmer/innen effektiv Spannungen abgebaut, indem sie sich auf ein Wort oder einen Satz konzentrierten, z. B. durch die Wiederholung eines Mantras (Valluri et al., 2024). So können sie einen positiven Fokus entwickeln und stressige Gedanken reduzieren.

Die achtsamkeitsbasierte kognitive Therapie (MBCT) bietet ebenfalls einen praktischen Ansatz, um unsere Aufmerksamkeit zu steuern. Durch die Kombination von Elementen der Achtsamkeitsmeditation mit den Prinzipien der kognitiven Therapie hilft die MBCT den Menschen, das Bewusstsein für den gegenwärtigen Moment zu kultivieren. Durch sanfte Übungen ermutigt uns die MBCT, unsere Gedanken und Gefühle zu beobachten, ohne sie zu bewerten. So können wir uns von automatischen Reaktionen lösen und entscheiden, worauf wir unsere Aufmerksamkeit richten.

Konzentrierte Aufmerksamkeitsübungen können auch einfach nur darin bestehen, dass wir z.B. 10 Minuten lang in Stille sitzen und unserem Atem folgen.

Mit der Zeit stärken diese Praktiken unsere Fähigkeit, uns zu fokussieren, und verbessern unsere Konzentration und Klarheit im täglichen Leben. Ob bei der Arbeit, in Beziehungen oder in Momenten der Einsamkeit - Achtsamkeit gibt uns wertvolle Werkzeuge an die Hand, um die Herausforderungen des modernen Lebens mit mehr Leichtigkeit und Präsenz zu meistern.

Emotionale Intelligenz

Kennst du jemanden, der einen hohen IQ zu haben scheint, aber Schwierigkeiten hat, seinen emotionalen Zustand zu regulieren, oder Rückschläge hat, wenn es um Anpassungsfähigkeit geht? Damit sind wir bei einem Thema angelangt, das für viele schwer zu erkennen ist und bei dem es noch schwieriger ist, den Wunsch nach Veränderung zu wecken, da die Qualitäten der emotionalen Intelligenz eher vage sind als andere, messbarere Formen der Intelligenz.

Emotionale Intelligenz nutzt ein inneres Bewusstsein, das es uns ermöglicht, die Kontrolle über unsere Emotionen zu übernehmen und unsere Gedanken positiv zu lenken, sodass wir uns zufrieden und weniger gestresst fühlen (Jiménez-Picón et al., 2021). Diese Art von Intelligenz verleiht uns die Fähigkeit, produktiv und proaktiv zu kommunizieren. Sie ermöglicht es uns auch, mit Stressoren oder Konflikten auf praktische Art und Weise umzugehen.

Emotionale Intelligenz ist eine hilfreiche, zuversichtliche innere Stimme, die uns zu einem besseren Bewusstsein für uns selbst und unsere Beziehungen zu anderen führt. Ihre vier Eigenschaften - Selbstmanagement, Selbstwahrnehmung, soziales Bewusstsein und Beziehungsmanagement - spielen eine wesentliche Rolle für unsere Fähigkeit, uns einfühlsam, klar und anpassungsfähig zu fühlen (Segal et al., 2023). Mit Hilfe der Achtsamkeitsmeditation können Menschen ihre Aufmerksamkeit auf die Aspekte lenken, die die emotionale Intelligenz verbessern. Die Praxis der Achtsamkeitsmeditation kann denjenigen helfen, die mit den Qualitäten der emotionalen Intelligenz zu kämpfen haben, und ihnen ein Ventil bieten, um ihren Stress abzubauen und sich selbst zu stärken.

Achtsame Ideen für Wachsamkeit und emotionale Intelligenz

Die Praxis der Achtsamkeit beruht auf der Idee, dass ein Mensch Selbstbewusstsein kultivieren kann, um sich in den Beziehungen zu anderen zu helfen. Es ist wichtig, darüber nachzudenken, wie man effektiv mit anderen kommunizieren kann und zu verstehen, dass man sich selbst verbessern kann.

Die folgenden Ideen zur Achtsamkeit können dir helfen, dich zu konzentrieren und dich daran zu erinnern, dass du lernen kannst, deine Gefühle und Emotionen jeden Tag zu kontrollieren. Einige dieser

Vorschläge sind Gedanken, über die du nachdenken oder schreiben kannst, und einige sind Techniken, die du in die Praxis umsetzen kannst.

Denke daran, dass du diese Aktivitäten an deinen Lebensstil anpassen kannst.

- Denke darüber nach, wie deine Emotionen oder Gefühle deinen Tag beeinflussen. Fallen dir welche auf, die zu stark, zu wenig oder genau richtig sind?

- Denke an einen Konflikt, den du kürzlich mit einer anderen Person hattest. Ohne wütend oder emotional zu werden, wie würdest du diesen Konflikt verhindern oder lösen, wenn du ihn noch einmal erleben könntest?

- Wende dich an dein einfühlsames Selbst. Erlebe ein Szenario aus der Sicht einer anderen Person.

- Übe dich im aktiven Zuhören. Wenn du mit einer anderen Person sprichst, lass dich ganz auf das Gespräch ein, umschreibe, was sie sagt, und benutze nonverbale Signale.

- Feiere am Ende jedes Tages eine positive Errungenschaft (auch eine kleine!).

- Wenn du dich gestresst fühlst, übe dich in tiefer Atmung. Atme 30 Sekunden lang langsam durch die Nase ein und lass den Atem dann sanft durch den Mund wieder los. Versuche es mit drei tiefen Atemzügen, bevor du eine schnelle Entscheidung triffst.

- Überlege dir, welche Menschen oder Ideen dich im Laufe des Tages auslösen könnten, und überlege dir, wie du sie proaktiv ansprechen kannst. Das könnte bedeuten, dass du deine Grenzen überdenkst oder ehrliche Gespräche darüber führst, ob bestimmte Menschen einen Mehrwert in deinem Leben darstellen. Denke daran, tief durchzuatmen, während du über diese Dinge nachdenkst.

- Vertraue dir selbst und deiner Intuition. Wisse, dass deine Ideen wichtig sind und einen Wert haben.

- Fange an, anderen zu vertrauen und das Beste in ihnen zu sehen (das wird ihnen helfen, dir im Gegenzug mehr zu vertrauen). Eine kleine Möglichkeit, dies zu tun, ist, um Hilfe zu bitten, wenn du sie brauchst, und darauf zu vertrauen, dass die Person, die du bittest, dich proaktiv unterstützen kann.

- Erkenne, dass deine Reaktionen auf Gespräche und Situationen eine Wahl sind (du kontrollierst sie).

- Erstelle persönliche, erreichbare Ziele für dich.

- Wenn du die Mittel und Möglichkeiten hast, plane eine Reise, um einen neuen Ort oder eine neue Kultur kennenzulernen. Denk daran, dass du dafür nicht weit reisen musst. Du könntest sogar versuchen, einen neuen oder bekannten Teil deiner Stadt zu besuchen und so tun, als wärst du ein Tourist - was könntest du aus dieser Perspektive sehen oder entdecken?

- Denke an soziale Aktivitäten, Hobbys oder Sportarten, die du früher geliebt hast und für die du in letzter Zeit keine Zeit mehr hattest. Nimm sie auf und fang wieder an.

- Stelle Fragen. Damit zeigst du nicht nur, dass du dich für ihre Ideen und Ratschläge interessierst, sondern erfährst auch Antworten und machst Entdeckungen über sie.

- Sei mit dem Unbekannten einverstanden und versuche, dich nicht von Dingen überwältigen zu lassen, auf die du keine endgültigen Antworten hast.

- Überlege dir, wie viel von dem, was du sagst oder denkst, tatsächlich eine Beschwerde ist. Führe ein Tagebuch, um dies festzuhalten. Wie könntest du diese Gedanken stattdessen in eine positive Richtung lenken? Kannst du die Beschwerde ändern? Wenn nicht, wie könntest du sie für immer loslassen?

- Bleibe in der Gegenwart (Meditieren hilft dabei). Vermeide es, zu sehr über vergangene Erfahrungen zu grübeln, wenn diese dir nicht mehr nützlich sind.

- Versuche, etwas Nettes für jemanden zu tun (bringe ihm ein Essen nach Hause, spende Kleidung für eine Wohltätigkeitsorganisation, fege die Einfahrt von jemandem usw.)

- Höre den Gesprächen um dich herum zu (ohne zu lauschen). Achte darauf, wie andere interagieren und höre einander zu.

- Motiviere dich selbst (höre Musik, die dich aufmuntert, lass dich von einer positiven Person aufmuntern, sei eine Person, mit der du gerne befreundet wärst, usw.).

- Übe, dein Handy zu ignorieren (lege es in eine Schublade, während du arbeitest oder trainierst, falls nötig).

- Setz dich hin und trinke Kräutertee, während du deinen Geist klärst und Energie für den Tag tankst. Probiere meine kostenlose Audiomeditation "A Mindful Cup of Tea" aus (siehe Anhang).

- Halte dich an einen Zeitplan. Wenn es Zeit ist, die Arbeit zu verlassen, solltest du dich auf etwas freuen, was du danach tun kannst.

- Nimm dich selbst in die Pflicht. Achte im Laufe des Tages auf deine Gefühle und nimm wahr, was du fühlst.

- Beginne (oder beende!) ein Bastelprojekt.

- Gehe unvoreingenommen auf Erfahrungen ein, als ob du daraus lernen und wachsen könntest.

Hinweis: Die oben genannten Ideen zur Selbstfürsorge helfen dir, dein Gehirn und deinen Körper auf regelmäßige Achtsamkeitsmeditationen einzustellen. Im Anhang findest du kostenlose Audioguides zu Achtsamkeitsmeditationen. Nutze diese Audioanleitungen zusammen mit den oben genannten Selbstfürsorgepraktiken, wenn du dein "Jahr der Achtsamkeit" beginnst.

Die wichtigsten Erkenntnisse

Jedes Mal, wenn du dir deiner Gefühle, deines Körpers oder deines Geistes bewusst wirst, bist du einen Schritt näher dran, eine bessere Beziehung zu dir selbst zu haben und deine Energie und Positivität zu schätzen. Das kommt natürlich auch deinem Umfeld zugute, denn deine Dankbarkeit überträgt sich auch auf sie.

- Baue achtsame Praktiken in deine tägliche Routine ein und trainiere deinen Geist, dich auf den gegenwärtigen Moment zu konzentrieren. Das kann helfen, eine Gewohnheit zu entwickeln, die die allgemeine Konzentration verbessert.

- Achtsame Praktiken sollen dabei helfen, die Gedanken von der Bewertung zu befreien, damit der Geist innere und äußere Erfahrungen anerkennen kann. Aktivitäten wie ganzheitliches Yoga und Achtsamkeitsmeditation geben einem die Möglichkeit, mit dieser Idee zu experimentieren.

- Körperbewusstsein, Mitgefühl und konzentrierte Aufmerksamkeit helfen, Schmerzen und stressige Gedanken zu lindern.

- Durch achtsame Meditation kann eine Person ihre emotionale Intelligenz verbessern und sich ihrer Gefühle bewusst werden.

Um zu verstehen, wie wir Techniken einbauen können, die uns helfen, vor, während und nach Aktivitäten wie Yoga und Meditation achtsamer zu sein, ist es wichtig, dass wir uns darüber im Klaren sind, warum wir dies in unser Leben aufnehmen. Achtsamkeit ermöglicht es uns, mehr Kontrolle über unsere emotionale und körperliche Welt zu erlangen, indem sie uns eine neue Perspektive eröffnet.

Um die Vorteile dieser Praxis noch einmal zu verdeutlichen, werfen wir als Nächstes einen Blick auf die Auswirkungen, die stressige Umstände auf unser Wohlbefinden haben können, damit wir besser verstehen, wie wichtig es ist, unsere Zeit achtsamen Aktivitäten zu widmen.

Kapitel 5:

Stress verstehen - eine achtsame Herangehensweise

Du wachst an einem verregneten Montagmorgen auf, noch groggy, weil du in der Nacht zuvor zu lange aufgeblieben bist, weil du den Film zu Ende sehen wolltest. Was war das noch mal? Du hast Schwierigkeiten, dich daran zu erinnern. Du drehst dich im Bett um, blinzelst ein paar Mal mit den Augen und wirfst einen angestrengten Blick auf die Uhr. Du siehst die Zahl 7:00, als deine Augen sich schwer anfühlen und dir wieder zufallen. Warte! 7 Uhr morgens!

Du springst panisch aus dem Bett und siehst dich im Zimmer um. Du siehst deinen gepackten Koffer und deine Klamotten, aber selbst wenn du jetzt losgehst, schaffst du es nicht mehr rechtzeitig zu deinem 8-Uhr-Flug zu deiner Arbeitskonferenz. Du rennst durch das Zimmer und fragst dich, warum du so lange auf geblieben bist, warum du vergessen hast, deinen Wecker auf eine frühere Zeit zu stellen, und warum du überhaupt nichts auf die Reihe bekommst.

Während du deine Klamotten überwirfst, deine Taschen packst und die schnellste Zahnputzsession der Welt absolvierst, verkrampfen sich deine Schultern und dein Nacken. Sobald du aus der Tür und in deinem Auto bist, spürst du einen Hoffnungsschimmer, dass du es bis zum Tor schaffen kannst und rufst das Personal an, die Türen noch eine Minute länger offen zu halten. Du schaust auf die Uhr im Auto. 7:20 Uhr. Wie willst du durch die Sicherheitskontrolle kommen und schnell genug laufen, um es noch rechtzeitig zu schaffen? Dann bemerkst du, dass die

Autos vor dir langsamer werden. Ah, der Verkehr! Nein, das kann doch nicht wahr sein!

Wenn du eine gefühlte Ewigkeit hinter einer Autoschlange gewartet hast, gehen dir die "Was wäre wenn"-Gedanken durch den Kopf. *Was ist, wenn ich vergessen habe, die Haustür abzuschließen? Was, wenn ich nichts essen kann, bis ich im Hotel ankomme und im Flugzeug verhungere? Was ist, wenn meine Präsentation auf der Konferenz schief geht? Oh, nein! Meine Präsentation!* Du wirfst einen Blick auf den Rücksitz deines Autos, wo dein Koffer bequem ruht - dein Laptop aber nicht.

Du kannst es nicht glauben, aber du hast gestern Abend deinen Laptop auf dem Küchentisch liegen lassen, bevor du angefangen hast, den Film zu schauen, und vergessen, ihn einzupacken. Nun, du bist auf jeden Fall gefeuert! Du musst dich entscheiden, ob du jetzt umkehrst oder weiter zum Flughafen fährst und hoffst, dass ein Kollege eine Kopie deiner Präsentation und einen Laptop hat, den du benutzen kannst. Was sollst du tun?

Die Auswirkungen von Stress

Stress verlässt unseren Körper und unseren Geist nicht in der Sekunde, in der wir eine Situation gelöst haben. Stattdessen tragen wir ihn durch unsere Tage, Monate und manchmal sogar Jahre mit uns herum. Wenn wir mit einer unangenehmen, beunruhigenden, angstauslösenden oder sogar alptraumhaften Situation konfrontiert sind, ist es fast unmöglich, das Licht auf der anderen Seite zu sehen. Außerdem hinterlässt Stress auf eine Art und Weise Spuren in uns, die wir vielleicht gar nicht bemerken.

Unruhe, Ängste und Sorgen sind keine neuen und einzigartigen Konzepte. Wir alle erleben sie an den meisten Tagen, und selbst langjährige Meditations- und Yogapraktizierende begegnen diesen Gefühlen. Der Unterschied liegt in unserer Fähigkeit, mit solchen Stressoren umzugehen. Mit der Zeit stellen unsere intensiven Gefühle eine Barriere für unsere Fähigkeiten und Leistungen dar. Wenn wir Schwierigkeiten haben, reagiert unser Kampf-oder-Flucht-Instinkt und wir wollen uns entweder in einen Zustand aufgeregter Verteidigung begeben oder uns zurückziehen und unsere negativen Gefühle verdrängen. Beide Lösungen führen zu noch mehr Stress, da wir in beiden Fällen nicht wissen, wie wir unsere Gefühle erkennen und unseren emotionalen Zustand beruhigen können.

Wenn wir Spannungen oder ungelöste Gefühle mit uns herumtragen, werden diese Emotionen früher oder später auf unseren Körper und Geist übergreifen. Muskelverspannungen, Schlafprobleme, Magen-Darm-Probleme, Kopfschmerzen, Traurigkeit oder ein allgemeiner Mangel an Motivation im Leben sind nur einige der problematischen Folgen von chronischem Stress (American Psychological Association, 2018). Mit der Zeit wirken sich diese Auswirkungen auf unser Verhalten und unsere Beziehungen zu anderen aus. Wer zum Beispiel Zigaretten raucht und Alkohol trinkt, um sich zu entspannen, reagiert auf ein negatives Gefühl, indem er seinem Lebensstil schädliche Verhaltensweisen hinzufügt.

Zu verstehen, dass dein Verhalten eine Reaktion auf deine Gefühle sein kann, ist ein hilfreicher Schritt in die richtige Richtung, um deine Gewohnheiten zu ändern. Die Vorschläge am Ende dieses Kapitels bieten dir einige Ideen zum Stressabbau, aber um der Ursache eines Problems auf den Grund zu gehen, musst du dir vielleicht mehr Zeit nehmen, um über deine persönlichen Gefühle nachzudenken, damit diese nicht länger Auslöser für negative Verhaltensweisen sind.

Lebenserfahrungen

Da wir jetzt wissen, welche Rolle Stress in unseren täglichen Erfahrungen spielt, können wir auch den Schneeballeffekt nachvollziehen, den diese Stressoren haben. In einer interessanten Studie aus dem Jahr 2013 wurden die Teilnehmer in die leicht stressige Situation versetzt, ihre Hände in eiskaltes Wasser zu tauchen, und dann wurden ihnen Bilder von Schlangen oder Spinnen gezeigt (Raio et al., 2013). Der Stress für die kognitiven Funktionen der Teilnehmer/innen wurde durch die Exposition gegenüber einem zusätzlichen Stressor verstärkt, was es schwierig machte, sich von dem ersten Stressor zu erholen. Mit diesem

Gedanken im Hinterkopf ist es leicht zu erkennen, wie sich Stress in unserem Kopf ansammelt und unsere Aufmerksamkeit von anderen Aktivitäten, Gesprächen oder Projekten ablenkt, was sich mit der Zeit in unserer Psyche ansammelt.

Negative Erfahrungen, die mit einem Trauma in der Vergangenheit zusammenhängen, wirken sich auf unsere Gegenwart aus, wenn wir nicht über Techniken verfügen, um aus ihnen zu lernen. Es ist wichtig, dass du dich in professionelle Behandlung begibst, wenn du ein traumatisches Ereignis erlebt hast und es dich vom Erfolg abhält. Wenn du glaubst, dass Stress deine Fähigkeit, zu arbeiten, Sport zu treiben oder dich zu entspannen, beeinträchtigt, ist ein Gespräch mit einem Arzt ein wichtiger erster Schritt, um Hilfe und Behandlung zu erhalten.

Achtsame Ideen zur Stressbewältigung

Egal, ob du mit emotionalem oder körperlichem Stress konfrontiert bist, es ist wichtig, dass du Methoden kennenlernst, mit denen du deinen Geist und Körper beruhigen kannst, damit er dich nicht ständig vom Leben abhält. Es gibt verschiedene Techniken, um mit Stress und Angst umzugehen, aber wenn du dich den ganzen Tag über um dich selbst kümmerst, kannst du dir das zur Gewohnheit machen und so die Verbindung zwischen deinem Gehirn und deinem Körper besser verstehen lernen. Wähle aus den folgenden Ideen, wenn du Spannungen abbauen oder deine Selbstfürsorge unterstützen willst.

- Höre Musik oder Podcasts, die dich beruhigen und glücklich machen.
- Gestalte deine visuelle Welt ansprechend. Hänge Bilder oder Gemälde, die du liebst, in deiner Wohnung oder deinem Büro auf.
- Nimm eine warme Dusche oder ein Bad.
- Verwende ätherische Öle, um dein System zu beruhigen.
- Probiere ein achtsames Malbuch aus.
- Starte ein Kunstprojekt. Male, forme oder baue ein Kunstwerk.

- Ordne ein Zimmer oder einen Bereich in deiner Wohnung neu (Schrank, Bad, Nachttisch). Sei stolz auf kleine Errungenschaften wie diese.

- Atme bewusst: Versuche es mit Box-Atmung oder einer auf die Ausatmung konzentrierten Atmung, z.B. viermal einatmen und sechsmal ausatmen.

- Mach den ganzen Tag über Pausen, um herumzulaufen, bis du dich ruhig fühlst.

- Sprich mit einem Freund, der dich inspiriert.

- Nimm an einer gemeinnützigen Veranstaltung teil (tue etwas Gutes für andere).

- Lache (schau dir etwas Lustiges an oder lache mit einem Freund).

- Übe Yoga oder Tai Chi.

- Trenne die Arbeit von deinem persönlichen Bereich und Leben (selbst zu Hause solltest du einen separaten Bereich für die Arbeit einrichten).

- Besprich stressige Gefühle mit einer Fachkraft.

- Entspanne deinen Kiefer den ganzen Tag über bewusst.

- Setze dir eine Grenze für deine Zeit und halte dich daran (auch wenn es schwerfällt).

- Erlaube deinem Körper, sich auszuruhen, wenn du krank bist. Überanstrenge dich nicht.

- Überdenke deinen Tag. Vor jeder Aktivität, die stressig sein könnte, denke: "Was wäre, wenn alles gut laufen würde?" Gehe in Gedanken den besten Tag durch, der dir bevorsteht.

- Bleib den ganzen Tag über hydriert.

- Hol dir eine Pflanze für dein Büro oder dein Zuhause (oder beides!).

- Setz dich während deines Arbeitstages auf einen bequemen Stuhl. Die richtige Körperhaltung kann die Stimmung verbessern.

- Lerne, dir selbst zu verzeihen und über deine Fehler hinwegzukommen. Sie passieren.

- Übe täglich Akzeptanz und Freundlichkeit

- Vermeide zwanghafte Verhaltensweisen oder Laster, die nicht förderlich sind.

- Nimm dir jeden Tag Zeit für dich selbst (auch wenn es nur 10 Minuten sind).

- Geh an sonnigen Tagen nach draußen.

- Dehne deine Muskeln.

- Iss eine Frucht, die du liebst.

- Mach einen Spaziergang im Park. Beobachte die Geräusche um dich herum (zwitschernde Vögel, der Wind in den Bäumen, bellende Hunde, Menschen, die sich unterhalten usw.).

Hinweis: Die oben genannten Ideen zur Selbstfürsorge helfen dir, dein Gehirn und deinen Körper auf regelmäßige Achtsamkeitsmeditationen einzustellen. Im Anhang findest du kostenlose Audioguides zu Achtsamkeitsmeditationen. Nutze diese Audioanleitungen zusammen mit den oben genannten Selbstfürsorgepraktiken, wenn du dein "Jahr der Achtsamkeit" beginnst.

Die wichtigsten Erkenntnisse

Natürlich sehnt sich niemand nach einem unruhigen Leben, aber Stress kann durch das moderne Leben, mehr Verantwortung und frühere Traumata entstehen. Die Anwendung von Achtsamkeitstechniken, um ein Lesezeichen in unseren Tag zu setzen, etwas Schönes für uns selbst zu kultivieren und unserem Geist neue Energie zuzuführen, kann helfen, den Stress, den wir alle erleben, zu mildern.

- Stress kann noch Tage, Monate oder sogar Jahre nach dem Erlebnis in Körper und Geist bleiben.

- Wenn du erkennst, dass deine Gefühle dein Handeln beeinflussen können, kannst du den ersten Schritt tun, um deine Gewohnheiten zu ändern.

- Ein Trauma aus der Vergangenheit kann sich auf die Gegenwart auswirken, wenn wir keine achtsamen Möglichkeiten haben, unsere Gefühle zu verarbeiten.

- Wenn du mit einem Arzt über Stress sprichst, der deine Fähigkeit zu arbeiten, Sport zu treiben oder dich zu entspannen beeinträchtigt, ist das ein guter Schritt, um Rat und Behandlung zu finden.

- Wenn du dir tagsüber Zeit für Meditationspausen nimmst, kannst du eine Selbstfürsorgeroutine aufbauen, die zu einem tieferen Verständnis der Verbindung zwischen Geist und Körper führt.

Im nächsten Abschnitt kommen wir zu einer der schwierigeren Ideen, die mit Achtsamkeit verbunden sind. Wenn wir lernen, uns von unnötigem Stress zu lösen und Grenzen zu setzen, können wir eine stärkere Verbindung zu uns selbst und zu denjenigen finden, die uns unterstützen und lieben.

Kapitel 6:

Wie du mit täglichen Meditationen loslassen kannst

Kennst du das: Du gehst deinem Tag nach und plötzlich ist er da - ein weiterer aufdringlicher Gedanke? *Beeil dich! Lauf weg! Versteck dich!* denkst du bei dir. Aber es ist schwierig, unliebsamen Gedanken zu entkommen, vor allem ohne die Hilfe einer Beruhigungsübung.

Viele von uns leiden unter negativen oder selbstkritischen Gedanken. Außerdem haben wir vielleicht Menschen in unserem Leben, die unseren Stress und unsere störenden Gedanken noch verstärken und uns selbst einfache Aufgaben schwer machen. In diesem Kapitel werden wir untersuchen, wie wir die Art und Weise ändern können, wie wir über Gedanken denken, die uns schaden. So können wir lernen, anderen gegenüber Grenzen zu setzen und in unseren täglichen Erfahrungen produktiver zu werden, um ängstliche Praktiken und stressige Ergebnisse zu verringern.

Bevor wir in diesen Abschnitt eintauchen, sollten wir jedoch einen Moment zurückgehen, um zu verstehen, warum uns bestimmte Gedanken zu beherrschen scheinen. In den meisten Fällen sind wir Menschen von Natur aus gut. Wir wollen anderen helfen, Empathie zeigen, uns anstrengen und im Leben erfolgreich sein. Natürlich gibt es auch hier Ausnahmen, aber ich gehe davon aus, dass die Menschen, die du persönlich kennst, jeden Tag das tun, was sie für richtig halten. Schwierig wird es jedoch, wenn eine perfektionistische Einstellung, übermäßiges Nachdenken oder unerwarteter Stress unsere Fähigkeit, klar zu denken, beeinträchtigen.

Stell dir vor, eine Freundin oder ein Freund schickt dir eine SMS mit der aufregenden Nachricht, dass sie oder er gerade einen neuen Job bekommen hat. Je nachdem, wo du dich in deiner Arbeits- oder Lebensphase befindest, freust du dich vielleicht für ihn oder sie, aber wenn du gerade mit einem Job kämpfst, der dich nicht erfüllt oder dir Stress bereitet, könnte deine Reaktion auf die Nachricht deines Freundes oder deiner Freundin von Frustration, Eifersucht oder Wut geprägt sein. Die meisten von uns wollen sich nicht so fühlen und viele von uns verstecken jegliche Negativität, aber es ist menschlich, eine Mischung von Emotionen zu erleben. In manchen Fällen kann sich die erste Reaktion verfestigen und zu Gefühlen der Scham, des Zweifels oder der Bedeutungslosigkeit führen.

Was können wir also persönlich tun, um mehr Kontrolle über unsere Gefühle und unsere Reaktionen auf Ideen und Ereignisse, die uns täglich begegnen, zu erlangen? Das Konzept des "Loslassens" ist vielleicht nicht einfach in die Praxis umzusetzen, aber wenn du verstehst, was es bedeutet, sich gesund abzugrenzen und zu lernen, Grenzen zu setzen, bist du auf dem besten Weg, dir eine positive Einstellung zu schaffen.

Gesunde Losgelöstheit

Wenn du bisher bemerkt hast, dass das Konzept der Achtsamkeit mit einer Art "Meta-Bewusstsein" für deine Gedanken und Erfahrungen verbunden ist, verstehst du eine der wichtigsten Komponenten dieser Praxis. Wie wir bereits besprochen haben, besteht das Ziel vieler Achtsamkeitspraktiken darin, sich nicht in den Emotionen oder Gefühlen zu verfangen, die mit den Gedanken verbunden sind, die uns in den Sinn kommen, sondern diese Gedanken einfach zu beobachten, als ob wir ein Außenstehender wären.

Die Fähigkeit, sich auf den Atem zu konzentrieren und keine weiteren Gedanken zuzulassen, erfordert Übung und kann durch regelmäßige Achtsamkeitsmeditation erreicht werden. "Während man den expliziten, aber minimalen Fokus auf den Anker beibehält, nutzt man die achtsame Meta-Wahrnehmung, um Merkmale der laufenden Erfahrung wahrzunehmen, die sich nicht auf das explizite Objekt beziehen, sondern auf die Merkmale außerhalb des Objekts" (Dunne et al., 2019). Ein

Beispiel für einen "Fokus auf einen Anker" könnte der Fokus auf deinen Atem oder deinen Körper sein.

Der Zusammenhang zwischen der Fähigkeit, Gedanken achtsam vorbeiziehen zu lassen, gibt uns eine Grundlage für das Verständnis der Grundlagen einer gesunden Loslösung. Da es bei dieser Praxis darum geht, Wege zu finden, uns selbst gegenüber Freundlichkeit zu zeigen, ist es wichtig, dieses Konzept in den Vordergrund zu stellen. Wir lösen uns nicht, um anderen gegenüber Bosheit oder Kälte zu zeigen, sondern wir lösen uns mit einem achtsamen Ansatz, um uns selbst zu pflegen und zu wachsen.

"Zwischen Stimulus und Reaktion gibt es einen Raum. In diesem Raum liegt unsere Macht, unsere Reaktion zu wählen. In unserer Reaktion liegt unser Wachstum und unsere Freiheit."

Ich liebe das obige Zitat, das oft Dr. Viktor E. Frankl zugeschrieben wird. Es veranschaulicht eindrucksvoll die Entscheidungsfreiheit, die sich aus der Praxis der Achtsamkeit und der gesunden Loslösung ergibt. Du wirst in die Lage versetzt, bewusst zu entscheiden, wie du reagierst, anstatt eine ausgelöste Reaktion zu haben. Diese Idee ermöglicht es einem Menschen, nach Frieden zu suchen, Probleme zu lösen und vorwärts zu kommen.

Um herauszufinden, wovon du dich lösen musst, denke einen Moment darüber nach, wie du dich im Laufe deines Tages festfahren könntest. Einige von uns haben notwendige Verpflichtungen, wie z.B. die Betreuung von Kindern oder älteren Menschen. Das Konzept der gesunden Loslösung bedarf also einer gewissen Klärung, da unser Dienst an anderen oft erforderlich ist.

Überlege, welche Dinge dir keinen Nutzen bringen und welche dich eher frustrieren, wenn du an ihnen festhältst. Wenn es darum geht, gesunde Grenzen zu setzen, solltest du sie für verschiedene Lebensbereiche wie Arbeit, Familie, Zuhause und Beziehungen berücksichtigen.

Grenzen der Arbeit

Wir könnten die tollsten Jobs und Mitarbeiter der Welt haben, aber ohne eine Trennung zwischen Arbeit und Privatleben fühlt sich unser Geist ständig gehetzt, um mitzuhalten und Aufgaben zu erledigen. Überlege dir, welche Grenzen du ziehen kannst, wenn es um deine geistige Energie geht. Es ist oft schwierig, die Arbeit geistig hinter sich zu lassen, wenn der Arbeitstag vorbei ist. Lege also einen Übergang fest, wie du die Arbeit beenden kannst, damit du geistig darauf vorbereitet bist, sie hinter dir zu lassen. Das könnte bedeuten, dass du am Ende deines Arbeitstages eine einfache Handlung ausführst, die dein Gehirn daran erinnert, dass die Arbeit beendet ist. Zum Beispiel, indem du ein "Signallied" einschaltest, das jeden Tag gleich ist, oder einen Telefonalarm stellst, der dich daran erinnert, dass es Zeit ist, diesen Teil des Tages hinter dir zu lassen.

Eine Arbeitsgrenze zu schaffen, könnte auch bedeuten, manchmal "nein" zu sagen. Natürlich ist es wichtig, einen Beitrag zu unserer Arbeit zu leisten. Gleichzeitig müssen wir aber auch anderen mitteilen, wenn wir uns überfordert fühlen, bevor dies zu einem Problem wird und wir uns am Arbeitsplatz ausgebrannt fühlen. Kommunikation ist hier das A und O, denn um diese Art von Grenzen zu ziehen, müssen wir möglicherweise mit der Führungskraft oder dem Chef sprechen. Wenn es dir schwerfällt, Grenzen am Arbeitsplatz zu ziehen, sprich mit befreundeten Kolleginnen und Kollegen über die Probleme, die du hast, und schaut, ob ihr gemeinsam eine Lösung finden könnt.

Der Gedanke in Oliver Berkemans Buch *Vier Tausend Wochen: Time Management for Mortals (Zeitmanagement für Sterbliche)* erklärt kurz und bündig den Druck, den wir uns selbst machen, wenn wir versuchen, Aufgaben zu erledigen: "Anstatt uns unseren Grenzen zu stellen, wenden wir Vermeidungsstrategien an, um uns weiterhin grenzenlos zu fühlen. Wir treiben uns selbst zu Höchstleistungen an und jagen Fantasien von der perfekten Work-Life-Balance hinterher... Die Realität zu leugnen, funktioniert jedoch nie" (Burkeman, 2021). Wenn wir nicht innehalten, um unsere inneren Gedanken, unser Ziel oder unsere Träume zu erkennen, berauben wir uns von etwas Größerem und funktionieren nur als Rädchen in einer Maschine.

Grenzen der Familie

Zu Familienmitgliedern "Nein" zu sagen, kann oft schwieriger sein als eine Grenze zu Kolleginnen und Kollegen zu ziehen, daher ist es nicht ganz einfach, diese Grenze zu ziehen. Wenn du ständig Kommentare oder Handlungen erträgst, die dir unangenehm sind, solltest du darüber nachdenken, wie sich das auf deine Psyche und deine Gefühle auswirkt. Ohne dich aufzuregen oder zu streiten, solltest du einen Weg finden, um zu kommunizieren, dass du dich unwohl fühlst, wenn jemand hasserfüllte oder verletzende Handlungen oder Ausdrücke verwendet.

Du hast jedes Recht, dich und die, die du liebst, vor Familienmitgliedern zu schützen, die dich geistig auslaugen oder dein Wohlbefinden nicht unterstützen. In deinem Bestreben, für dich selbst zu sorgen, solltest du daran denken, dass eine Grenze nicht dauerhaft sein muss, aber sie kann dir eine Pause verschaffen, damit du deine positive Energie anderswo einsetzen kannst. Ein wichtiger Teil der Abgrenzung ist es, den Familienmitgliedern deine Gefühle mitzuteilen. Es ist wichtig, dass du bei diesen Gesprächen klar und direkt bist, aber nicht mit dem Finger auf die Schuldigen zeigst. Erkläre in aller Ruhe, wie du dich fühlst und warum du beschlossen hast, dass diese Grenze für dich notwendig ist.

Grenzen des Hauses

Auch das Alleinleben kann eine Herausforderung für uns sein, wenn wir keine Grenzen für unseren Raum zu Hause haben. Wenn zum Beispiel dein Telefon, dein Fernseher oder dein Laptop dich ständig von anderen Aktivitäten ablenken, die du zu Hause genießen könntest, ist es vielleicht an der Zeit, diesen Barrieren, die dich von anderen Erfahrungen abhalten, Grenzen zu setzen.

Wenn du dich dabei ertappst, wie du morgens gedankenlos durch Internetbeiträge scrollst, solltest du zumindest in den ersten 30 bis 60 Minuten des Tages bewusst auf Technologie verzichten. Beginne deinen Tag stattdessen mit der Achtsamkeit auf deine Gedanken und lass dich von ihnen zur Selbsterkenntnis führen. Wenn du deinen Tag mit einer kurzen Meditation beginnst, kann das deinen Geist beruhigen und dich auf den Tag einstimmen.

Wenn du mit anderen zusammenlebst, kann es schwierig sein, sich zu Hause abzugrenzen, wenn Geräusche, Gespräche und Unterbrechungen einfach zum Alltag gehören. Wenn du merkst, dass es dir schwerfällt, dir zu Hause eine Grenze zu setzen, solltest du deinen Wunsch nach etwas

Zeit für dich selbst äußern. Selbst wenn du um zehn Minuten am Tag bittest, um allein zu meditieren, ein Buch zu lesen, spazieren zu gehen oder Sport zu treiben, ist es wichtig, dass du dein Bedürfnis nach dieser Zeit zum Ausdruck bringst, denn so kannst du deine Energie wieder aufladen und produktiver und entspannter werden.

Grenzen in der Beziehung

Eine der größten Herausforderungen bei der Schaffung von Grenzen besteht darin, sie in unseren täglichen Freundschaften oder romantischen Partnerschaften zu ziehen. Wir fühlen uns vielleicht schuldig, wenn wir nicht genug Stunden am Tag haben, um sie mit allen zu verbringen. Überlege dir, ob du dir Zeit für Aktivitäten nehmen willst, die du gerne machen möchtest, oder ob du eine Grenze zu jemandem ziehen willst, der unsere Zeit oder Energie nicht wertschätzt.

Wenn du das Gefühl hast, dass du geistig müde bist, weil du dich mit bestimmten Menschen triffst, die dir die Energie rauben, kannst du dir eine neue Möglichkeit suchen, eine Grenze zu ziehen.

Um eine emotionale Grenze für dich zu setzen, musst du dir die Beziehungen zu anderen Menschen genauer ansehen. Wenn du dich von anderen herabgesetzt fühlst oder wenn du regelmäßig ungelöste Streitigkeiten mit einer Person hast, ist es an der Zeit, diese Beziehung neu zu bewerten. Ist sie gut für dich? Was könntest du mit deiner Zeit anfangen, wenn du sie nicht mit dieser Person verbringen müsstest? Besteht die Hoffnung, dass die andere Person eine Grenze respektiert, die du ihr gesetzt hast? Nimm dir etwas Zeit, um über deine Gefühle nachzudenken, wenn du in der Nähe dieser Person bist, und darüber, wie du dich fühlst, wenn ihr Zeit getrennt seid.

Grenzen müssen nicht dauerhaft sein, aber wenn du dich in einer Beziehung verletzt fühlst, sei es psychisch oder physisch, ist es an der Zeit, dem so schnell wie möglich ein Ende zu setzen. Wenn du das Gefühl hast, dass du Hilfe brauchst, um einer anderen Person gegenüber eine Grenze zu ziehen, insbesondere in einer schädlichen Beziehung mit einem Partner, dann suche dir Hilfe bei einer vertrauenswürdigen Person wie einem Familienmitglied, einem geschätzten Freund oder einer Hotline in deiner Nähe.

Der Aufbau von Beziehungsgrenzen kann manchmal ein komplexes Thema sein, da es dabei um Gefühle und Ideen geht, die für manche unangenehm zu besprechen sein können. Wende dich an einen Therapeuten oder Berater, wenn du oder jemand, den du kennst, mit diesem Thema Probleme hat.

Gute Bücher zu diesem Thema, wie z.B. die von Nicole Lepera und Nedra Tawwab, bieten den Leserinnen und Lesern eine Anleitung, wie sie Grenzen setzen und gesunde Beziehungen aufbauen können.

Aus der Patsche helfen

Auf der Suche nach Möglichkeiten, dich produktiv zu fühlen und dich von Aktivitäten oder Menschen zu lösen, die dich von deinen Wachstumschancen abhalten, ist es notwendig, dich auf deine aktuelle Situation zu konzentrieren. Natürlich kann es für die langfristige Planung hilfreich sein, an die Zukunft zu denken, aber ermutige dein Gehirn, sich auf deine aktuellen Umstände und die Realität zu konzentrieren. Wenn du zum Beispiel ein Ventil für deine ängstlichen Gedanken findest, kannst du ihnen Raum geben, ohne ihnen die Macht zu geben, die Kontrolle zu übernehmen. Beginne noch heute damit, deine Gedanken loszulassen, indem du dir fünf bis zehn Minuten Zeit nimmst, um dir Sorgen zu machen. Wirklich! Das mag albern oder sogar kontraproduktiv klingen, aber wenn du deinem Geist eine begrenzte Zeit Zeit gibst, um über den Stress nachzudenken, den du gerade erlebst, kann sich das befreiend anfühlen, während du dich anderen, produktiveren Gedanken zuwendest.

Um dich aus der Sackgasse zu befreien, musst du dein Gehirn vielleicht dazu bringen, sich auf eine gesündere Aktivität zu konzentrieren, z. B. Sport zu treiben, zu basteln, im Freien zu trainieren oder einen Kleiderschrank auszumisten. Vielleicht schweifen deine Gedanken immer noch zu einer stressigen Idee ab, aber du kannst sie wieder auf die anstehende Aufgabe lenken, um die ängstlichen Gedanken zu vertreiben.

Wenn es ein Problem gibt, das sofortige Aufmerksamkeit erfordert, triff die angemessensten Entscheidungen, um zu lösen, was du kannst, und gönne dir dann eine Pause, um dich auf eine Aktivität zu konzentrieren, die deine Gedanken von stressigen oder unnötigen Gedanken ablenkt. Betrachte diese Aktivität nicht als eine Möglichkeit, deinen Stress aufzuschieben, sondern als eine Methode, gesunde Pausen in deinen Tag einzubauen, die dich von unerwünschten Gedanken befreien.

Achtsame Ideen für gesundes Loslassen

Wenn du über Methoden zur Grenzziehung nachdenkst und darüber, wie du das Beste aus deinen Interessen machen kannst, dann denke daran, achtsam einen Raum für deine Grenze zu schaffen. Wenn du dich von einer Person trennst, der du früher sehr nahe standest, überlege, was sich in deinem oder ihrem Leben verändert hat, das dich nicht mehr zufriedenstellt oder mit Freude erfüllt.

Wir alle haben Zeiten, in denen wir uns weiterentwickeln, und so kann es sein, dass du in verschiedenen Phasen deines Lebens feststellen musst, dass du für dich selbst sorgen und dich von schädlichen Ideen trennen musst, zu denen du dich einst hingezogen fühltest. Lass dich von dieser Liste mit achtsamen Ideen für eine gesunde Trennung leiten, wenn du nach Möglichkeiten suchst, aus deiner Routine auszubrechen und Momente für dich selbst zu finden.

- Schreibe eine Liste mit Hobbys, die du liebst (oder früher geliebt hast). Probiere diese Woche eines davon aus.

- Vereinfache dein Leben. Überlege, welchen physischen und mentalen Raum du für dich schaffen kannst.

- Frage dich: "Ist das gut für mich?" Wenn nicht, solltest du es loslassen.

- Finde Gleichgesinnte, mit denen du reden kannst.
- Versuche, dich von den sozialen Medien zu lösen (auch nur für ein oder zwei Stunden).
- Übe, mit den Familienmitgliedern zu kommunizieren. Du solltest niemandem erlauben, deine Bedürfnisse zu ignorieren, aber du musst sie auch anderen mitteilen.
- Stell dich den Problemen, anstatt ihnen auszuweichen oder dich vor ihnen zu verstecken.
- Suche dir professionelle Unterstützung, um deinen Alkohol- und Drogenkonsum einzuschränken oder zu beenden.
- Beobachte jeden Tag deine Gedanken. Stell dir vor, du bist ein Außenstehender, der dein denkendes Gehirn beobachtet.
- Wenn du eine Enttäuschung erlebst, nimm dir einen Moment Zeit, um über das Erlebnis nachzudenken. Gib dir Zeit zu erkennen, warum du enttäuscht bist, finde einen Weg, das Gefühl zu akzeptieren und lass es dann los.
- Erkenne an, dass deine Gefühle stark sind und dass du sie fühlen darfst.
- Konzentriere dich mehrere Minuten lang auf deinen Atem, um den Kreislauf der grübelnden Gedanken zu durchbrechen.
- Nimm dir etwas Zeit für dich allein, um über deinen Tag nachzudenken.
- Erkenne, dass du Mitgefühl und Verständnis zeigen kannst, ohne dich in die Sichtweisen oder Konflikte anderer zu verstricken.

- Nenne deine Bedürfnisse so genau wie möglich.

- Halte dich konsequent an die Grenzen, die du gezogen hast.

- Erkenne alte Überzeugungen, die du vielleicht aktualisieren musst.

- Höre anderen zu, ohne zu urteilen.

- Gönne dir "Auszeiten", wenn du dich ängstlich oder gestresst fühlst (gönne dir etwas Erholungszeit).

- Frage dich: "Was habe ich in diesem Moment unter Kontrolle?"

- Erkenne, dass es viele Möglichkeiten für das Ergebnis gibt und nicht nur eine. Wenn du vor einer wichtigen Entscheidung stehst, mach ein Brainstorming mit allen Ideen, die dir einfallen.

- Warte nicht darauf, dass das Glück zu dir kommt - plane Aktivitäten, die dich glücklich machen!

- Frage dich: "Was habe ich aus dieser Erfahrung gelernt?"

- Überlege, ob bestimmte Lebensmittel oder mangelnde Bewegung deine Fähigkeit, dich zu lösen, behindern könnten.

- Stelle Alarme für "mentale Pausen" während deines Tages.

- Übe schwierige Gespräche, bevor du sie führst.

- Warte einen Moment, bevor du eine schwierige Frage beantwortest (halte inne und denke zuerst nach).

- Erkenne, dass vergangene Traumata zukünftige Bindungen oder Ablösungen beeinflussen können. Die Zusammenarbeit mit einem Therapeuten oder Berater kann dabei helfen, das Trauma auszupacken und zu verstehen, damit Heilung stattfinden kann.

- Erkenne, dass das Leben nicht immer genau so verläuft, wie wir es geplant haben, aber das ist eine Chance für Wachstum und

Lernen. Wenn wir alte Erwartungen loslassen, können wir neue Chancen wahrnehmen.

Hinweis: Die oben genannten Ideen zur Selbstfürsorge helfen dir, dein Gehirn und deinen Körper auf regelmäßige Achtsamkeitsmeditationen einzustellen. Im Anhang findest du kostenlose Audioguides zu Achtsamkeitsmeditationen. Nutze diese Audioanleitungen zusammen mit den oben genannten Selbstfürsorgepraktiken, wenn du dein "Jahr der Achtsamkeit" beginnst.

Die wichtigsten Erkenntnisse

Mach dir klar, dass es auf deinem Weg zur Achtsamkeit Höhen und Tiefen geben wird. An manchen Tagen kann es sich schwierig anfühlen, einen Raum zu schaffen, in dem du deine Gedanken beobachten und dir der gegenwärtigen Gelegenheiten bewusst bleiben kannst. Ziehe an solchen Tagen die "emotionale Bremse" an und suche dir eine Aktivität oder eine Person, die dir hilft, dich wieder aufzurichten. Je mehr Zeit du dir nimmst, um dich glücklich zu machen, desto natürlicher wird es sich anfühlen, Zeit für diese einfache Handlung zu finden.

- Gesunde Trennungen geben einer Person die Möglichkeit, unsichere oder ungesunde Beziehungen loszulassen.

- Sich von einer Tätigkeit oder Person zu distanzieren, die nicht positiv zu unserem Wohlbefinden beiträgt, kann eine Form der Selbstfürsorge sein.

- Grenzen bei der Arbeit, in der Familie, zu Hause und in Beziehungen können notwendig sein, um ein besseres Gefühl für sich selbst und sein Wohlbefinden zu bekommen.

- Mit Achtsamkeit im gegenwärtigen Moment zu bleiben, kann einer Person helfen, sich an eine neue Grenze anzupassen.

Das nächste Kapitel gibt dir die Möglichkeit, über deinen Alltag nachzudenken, um zu sehen, wie achtsame Entscheidungen zu einem natürlichen Teil deines Lebens werden können. Denn wenn du lernst, friedlich zu leben, weißt du auch, wie du achtsam leben kannst.

Kapitel 7:

Friedlich leben

Wenn du dich dabei ertappst, dass du neidisch auf das Leben anderer bist, denke daran, dass das Gras auf der anderen Seite des Zauns nicht immer grüner ist. Auch wenn du an manchen Tagen das Gefühl hast, nicht alles im Griff zu haben, ist es wichtig, sich daran zu erinnern, dass die meisten Erwachsenen mit ständigen Herausforderungen konfrontiert sind und sowohl von externer Unterstützung als auch von ihren eigenen Achtsamkeitsübungen profitieren.

Die Achtsamkeit hat einen langen Weg hinter sich, seit sie von frühen religiösen Philosophien übernommen wurde. Die Idee des "Nicht-Selbst" im Buddhismus bedeutete traditionell, dass der Mensch von Natur aus dazu neigt, in der Welt zuerst an sich selbst zu denken und an die Dinge, die ihm gehören können. Achtsamkeitspraktiken würden es ihm ermöglichen, dieses Verlangen zu überwinden, so dass dieses Konkurrenzdenken nicht vorhanden ist (Giles, 2019). Die buddhistische Philosophie ermutigt dazu, egozentrische Gedanken wie Eifersucht, Neid und Gier hinter sich zu lassen, damit sie nicht zum Mittelpunkt des eigenen Lebens werden.

Obwohl die Achtsamkeit in der westlichen Kultur viele Verbindungen zu den Traditionen des Buddhismus hat, würde das Konzept, das "Selbst" hinter sich zu lassen, um ein erfüllteres Leben zu führen, wahrscheinlich nicht zu einer Person passen, die Stress abbauen will. Um den Körper zu beruhigen, aufdringliche Gedanken loszuwerden und anhaltende Sorgen zu beseitigen, müssen wir uns nach innen wenden, um uns selbst und unsere Werte zu verstehen.

Betrachte Achtsamkeit als einen Weg, um in allen Aspekten unseres Lebens ein größeres Gefühl der Gründlichkeit zu erlangen. Sie gibt uns die Möglichkeit, jede Situation mit einem Verständnis für uns selbst zu meistern, sodass wir nicht zu jemandem werden müssen, der wir nicht sind. Das Ziel ist es stattdessen, unsere Gefühle zu erkennen, während wir achtsam und friedlich leben.

Friedlich leben, nicht perfekt

Ertappst du dich manchmal in einem Moment der Frustration und bist nicht stolz darauf, wie du dich verhältst? Wenn dich zum Beispiel jemand im Straßenverkehr schneidet, kann es sein, dass du vor Wut kochst und dein Herz rast, während deine Hände das Lenkrad umklammern. In vielen Situationen kann uns unser Körper viel darüber sagen, wie wir uns fühlen, ohne dass wir etwas sagen oder auch nur darüber nachdenken müssen.

Es spricht einiges für die Idee, auf neutralere Gefühle hinzuarbeiten, wenn wir meditieren oder Aktivitäten mit Achtsamkeit ausüben. Das ist natürlich nicht einfach, wenn uns starke Emotionen in die Quere kommen, aber ein wichtiger Gedanke, der dabei helfen kann, ist, sich in kleinen Schritten auf den Fortschritt und nicht auf die Perfektion zu konzentrieren.

Die Beseitigung der physischen Gegenstände

Friedlich zu leben muss nicht bedeuten, dass du dein Leben komplett umkrempelst und nicht mehr wiedererkennbar bist, aber es sollte bedeuten, dass du bewusst entscheidest, was du in deiner Nähe behalten willst und was nicht. Beginne damit, deinen Raum und alle Gegenstände zu betrachten, die dir nicht mehr nützlich sind. Überlege dir, welche Haushaltsgegenstände und Kleidungsstücke du nicht mehr brauchst und fange an, in dem Bewusstsein zu leben, dass materielle Dinge nicht gleichbedeutend mit Glück sind. Je mehr Dinge wir um uns herum haben, die Platz wegnehmen, desto mehr fühlen wir uns im Kopf eingeengt.

Überlege dir, welche Gegenstände in deiner Wohnung oder in deinem Kleiderschrank du spenden könntest, um eine aufgeräumte Umgebung für deinen Körper und Geist zu schaffen. Um das Konzept von Marie Kondo in ihrem wunderbaren Buch "The Life-Changing Magic of

Tidying Up" (Die lebensverändernde Magie des Aufräumens) zu paraphrasieren, kann es hilfreich sein, sich bei der Entscheidung, ob du einen Gegenstand behalten willst, die Frage "Bringt mir dieser Gegenstand Freude?

Abschaffung der Beschlüsse

Nicht nur, dass wir uns überfordert fühlen, wenn unser physischer Raum überfüllt ist, auch unser Geist ist gestresst, wenn wir zu viele tägliche Entscheidungen zu treffen haben. Das soll nicht heißen, dass wir nicht mehr notwendige Aufgaben erledigen müssen, aber in vielen Fällen fügen wir unserem Tag Stress hinzu, weil wir nicht in der Lage sind, ihn zu vereinfachen. Wenn wir zu viele Entscheidungen treffen müssen, was wir anziehen, essen, anschauen oder durchblättern sollen, wird unser Geist so überreizt, dass wir uns bei der Entscheidungsfindung verloren fühlen.

Anstatt zu versuchen, alle Aktivitäten um dich herum zu übernehmen, fang an, feste Entscheidungen darüber zu treffen, welche Aktivitäten notwendig sind und welche nicht. Je weniger Entscheidungen dein Gehirn täglich treffen muss, desto klarer wirst du dich fühlen, wenn wichtige Entscheidungen anstehen. Verbringe deine Energie an sinnvollen Orten und überlege, welche Entscheidungen du abschaffen kannst, um dich freier zu fühlen.

Deine Kerngruppe

Als du in Kapitel 6 gelernt hast, Grenzen zu setzen, haben wir darüber gesprochen, wie du dich von Menschen trennst, die deine Ziele nicht unterstützen. Du kannst diese Idee jetzt noch weiter vertiefen, indem du herausfindest, wer dir das Gefühl gibt, wertvoll, erwünscht und glücklich zu sein, damit du deine "Kerngruppe" bilden kannst. Überlege dir, wer deine Arbeit, deine Zeit, deine Aktivitäten und andere allgemeine Aspekte deines Lebens respektiert, und halte diese Menschen in deiner Nähe. Genauso wie du andere unterstützen möchtest, indem du ihnen zeigst, wie besonders und wertvoll sie sind, sollte diese Kerngruppe aus

Menschen bestehen, die dich daran erinnern, wie außergewöhnlich du bist.

Eine Kerngruppe muss nicht unbedingt eine große Gruppe sein. Du kannst diese Gruppe klein halten, da es sich um prominente Freunde und Familienmitglieder handelt, mit denen du viel Zeit verbringen möchtest. Wenn es dir hilft, erstelle eine Liste mit drei oder vier Personen, von denen du weißt, dass sie dich sowohl in schwierigen als auch in erfolgreichen Zeiten unterstützen werden. Diese Menschen müssen nicht unbedingt miteinander befreundet sein, sondern können auch Einzelpersonen sein, die dich glücklich und friedlich machen.

Verstehen, wer du sein sollst

Nachdem du dir nun überlegt hast, wie du Grenzen setzen und eine Kerngruppe schaffen kannst, die dich unterstützt, solltest du dir bewusst machen, dass du zwar nicht auf einer Insel leben musst, es aber manchmal kannst! Das bedeutet, dass du dich nicht mit Schuldgefühlen oder Verpflichtungen belasten musst, wenn du "Nein" zu anderen sagen musst. Ja, Freundschaft ist eine Zweibahnstraße, die von den Menschen verlangt, dass sie die Unterstützung gewähren, die sie selbst gerne hätten, aber du solltest dich auch wohl dabei fühlen, deine eigenen Entscheidungen darüber zu treffen, wie du Zeit und Energie für dich reservierst.

Wenn du deine Zeit mit anderen planst, lass auch Zeit für dich selbst. Zeit für sich selbst kann praktischer und nützlicher sein, als wir denken. Wahrscheinlich ist dir klar, dass du schnell ermüdest, wenn du den ganzen Tag über "auf Achse" bist und diese Art zu leben nicht nachhaltig ist.

In diesem Sinne kann dir die Praxis der Achtsamkeit helfen, mehr über dich und deine Bedürfnisse zu erfahren, damit du entscheiden kannst, für welche Aktivitäten du Energie sparst und wann du dich ausruhen musst. Dieser Gedanke macht Sinn, wenn du darüber nachdenkst: Wenn wir versuchen, uns zu viel vorzunehmen, kann unsere geistige Gesundheit darunter leiden und Angstzustände oder Depressionen verursachen. Untersuchungen des Gehirns haben ergeben, dass Depressionen entstehen können, wenn Emotionen die Amygdala beeinflussen, weil dieser Bereich des Gehirns überaktiv ist (Barnhofer, 2019). Wenn unser Stress anhält, bleibt dieses Areal hyperaktiv, es sei denn, wir können es durch Veränderungen beruhigen.

Andere Studien haben die Vorteile des achtsamkeitsbasierten kognitiven Trainings (MBCT) bei der Veränderung der Gehirnplastizität zur Stressreduzierung bei Patienten aufgezeigt (Barnhofer, 2019). Die Schlussfolgerungen dieser Studien sollen Aufschluss darüber geben, wie Achtsamkeit negative Gedanken verringern und die Stimmung der Patienten durch Achtsamkeitstraining verbessern kann, da die Patienten stressbedingte Rückschlagmuster besser erkennen und sich von ihnen lösen können.

Wenn wir uns Zeit für achtsame Praktiken nehmen, unterstützen wir die Gesundheit unseres Gehirns, indem wir ihm erlauben, von einer Aktivität zur nächsten zu wechseln. Das hilft uns, in vielen Situationen anpassungsfähig zu sein. Wenn wir in der Lage sind, flexibel zu bleiben, bauen wir auch unsere emotionale Widerstandsfähigkeit auf, die es uns ermöglicht, künftige Stressmomente besser zu bewältigen. Ja, wir sind immer noch nervös und besorgt, aber wir können uns besser in unserer Welt zurechtfinden.

Eine einfache Frage

Wenn sich das Leben zu kompliziert anfühlt und du noch mehr Führung brauchst, um deinen Weg zur Ruhe zu finden, kannst du zu einer einfachen Idee zurückkehren. Dieses Konzept kann dir an deinen schwierigsten Tagen helfen, wenn du arbeitest, dich um andere kümmerst oder einfach nur dein Haus verlässt. Frage dich: "Was brauche ich jetzt am meisten?" und warte darauf, dass dein Geist diese Frage beantwortet. Das mag lächerlich klingen, aber probiere es aus, wenn du das nächste Mal außer Kontrolle gerätst. Setze dich an einen ruhigen Ort, schließe die Augen, atme tief ein und denke über diese Frage nach.

Ich habe die Erfahrung gemacht, dass, wenn ich mir diese Frage stelle und auf eine Antwort warte, sich irgendwann etwas Definitives ergibt. Dein Gehirn wird wissen, was du brauchst, wenn du es brauchst.

Manchmal will mein Gehirn, dass ich länger sitze und meditiere, während ich mich beruhige. Ein anderes Mal gibt mir mein Verstand eine einzige beruhigende Affirmation wie "Ich schaffe das", die mich durch den Rest meines Tages bringt. Gelegentlich sagt mir mein Verstand, dass ich mir etwas gönnen soll, was meinem Körper gut tut, wie ein Bad. Was auch immer mir einfällt, wenn ich sitze, sagt mir, dass ich das brauche, und mir das zu erlauben, ist ein Geschenk an mich selbst.

Probiere es aus, wenn du das nächste Mal eine Entlastung brauchst. Frag dich einfach: "Was brauche ich im Moment am meisten?"

Achtsame Ideen für Frieden und Resilienz

Wenn du dir Zeit nimmst, um dich daran zu erinnern, was du im Leben liebst, kann dir das helfen, im gegenwärtigen Moment zu bleiben. Wenn du dir überlegst, die folgenden Punkte in dein Leben zu übernehmen, solltest du dir ein Tagebuch oder Notizbuch zulegen, um deinen Weg zu Frieden und Resilienz festzuhalten. Beginne damit, ein paar Dinge aufzuschreiben, für die du im Moment dankbar bist, damit du dir eine Gewohnheit der Wertschätzung angewöhnen kannst.

- Erstelle eine Liste mit fünf Dingen, die du in diesem Jahr bereits erreicht oder zum ersten Mal ausprobiert hast.

- Nimm eine freundlichere, mitfühlendere Sichtweise auf andere an, egal ob du sie kennst oder nicht. Übe dich darin, nicht zu urteilen und versuche stattdessen, neugierig auf andere zu sein.

- Sei freundlich zu dir selbst, indem du dich nicht verurteilst.

- Vereinfache dein Leben, indem du Bereiche deines Hauses entrümpelst.

- Verbringe Zeit an Orten, die du in deinem Zuhause liebst.

- Geh raus in die Natur. Erlebe neue Abenteuer.

- Versuche es mit Verdunkelungsvorhängen in deinem Schlafzimmer. So kannst du nachts besser schlafen und wachst erfrischt auf.

- Investiere in eine kuschelige Decke oder bequeme Bettwäsche (oder beides!).

- Versuche, die einfachen Freuden deines Tages aufzuschreiben (leckeres, gesundes Essen essen, etwas Neues ausprobieren, jemandem ein Kompliment machen usw.).

- Erkenne dich selbst für Aktivitäten, Fähigkeiten oder Hobbys an, die du tun *kannst*, und verliere dich nicht in dem, was du nicht tun kannst.

- Erkenne, dass du nicht ewig in demselben stressigen Moment sein wirst (alles ist vorübergehend).

- Verfolge alle Auslöser, die dich verärgern könnten, und überlege, was du dagegen tun kannst.

- Führe einen Kalender oder eine To-Do-Liste mit deinen fünf wichtigsten Aufgaben pro Woche.

- Bring Abwechslung in dein Leben (nimm einen neuen Weg zur Arbeit, probiere ein neues Essen, höre neue Musik).

- Tritt einer Gruppe oder einem Verein bei, für den du dich engagierst.

- Erstelle eine Liste mit Vorbildern in deinem Leben. Schreibe auf, welche Eigenschaften du an ihnen bewunderst.

- Lache und behalte einen Sinn für Humor während deines Tages.

- Bleib flexibel und anpassungsfähig, wenn die Dinge nicht so laufen, wie du willst.

- Nimm dir Zeit, um Reden und Präsentationen vorzubereiten und zu üben.

- Achte darauf, wie oft du im Laufe des Tages persönliche E-Mails oder Textnachrichten abrufst.

- Wenn du gestresst bist, kannst du versuchen, dich mit ätherischen Ölen oder Lavendeldüften zu beruhigen.

- Nimm ein Schaumbad.

- Male oder male ein Bild.

- Mach einen "Mini-Urlaub" für ein Wochenende allein.

- Verwende eine beruhigende Lotion vor dem Schlafengehen.

- Schreibe einen Tagebucheintrag über etwas, das dich wütend macht, zerreiße dann das Papier und wirf es weg. Stell dir vor, dass es sich um unnötigen Ärger handelt, den du in deinem Leben loswirst.

- Reserviere dir mindestens einen Tag im Monat, an dem du zu Hause bleibst und deine Energie auflädst.

Hinweis: Die oben genannten Ideen zur Selbstfürsorge helfen dir, dein Gehirn und deinen Körper auf regelmäßige Achtsamkeitsmeditationen einzustellen. Im Anhang findest du kostenlose Audioguides zu Achtsamkeitsmeditationen. Nutze diese Audioanleitungen zusammen mit den oben genannten Selbstfürsorgepraktiken, wenn du dein "Jahr der Achtsamkeit" beginnst.

Die wichtigsten Erkenntnisse

Fahre damit fort, die positiven Aspekte deines Lebens zu identifizieren und schreibe sie in einer kurzen Liste auf, die du in schwierigen Momenten durchsehen kannst. Wenn du in der Lage bist, die Ideen und Dinge, für die du dankbar bist, zu würdigen, fällt es dir leichter, ein Gefühl der Erfüllung für das Leben zu empfinden, das du dir selbst aufgebaut hast.

- In der buddhistischen Philosophie konzentriert sich die Achtsamkeit darauf, eigennützige Konzepte wie Eifersucht, Neid und Gier zu eliminieren und stattdessen eine Trennung zwischen solchen Gefühlen und dem menschlichen Geist zu fördern.

- Wenn du dich von materiellen Dingen und Entscheidungen trennst, die dir nicht mehr nützlich sind, kannst du dich auf ein stärkeres Ziel konzentrieren. Darüber hinaus kann die Wahl einer Kerngruppe, die dich unterstützt, dazu beitragen, eine Beziehung zu ermutigenden Freunden und Familienmitgliedern aufzubauen.

- Achtsamkeitspraktiken verringern Stress und Überstimulation des Gehirns, so dass sich der Geist lösen und gesündere Gewohnheiten für schwierige Rückschläge erlernen kann.

Wir sind an einem entscheidenden Punkt angelangt, an dem wir beginnen können, uns auf einige Aspekte des Lebens zu konzentrieren, bei denen Achtsamkeit besonders nützlich sein kann. Da der Arbeitstag zu einem der angstauslösendsten Aspekte des Lebens werden kann, wenn wir es zulassen, werden wir jetzt besprechen, wie wir diesen Teil unseres Tages mit Anmut und Bereitschaft bewältigen und kontrollieren können.

Kapitel 8:

Bewusstes Atmen für den Arbeitsalltag

Wenn du dir jetzt etwas für deinen Job oder Arbeitsplatz wünschen könntest, was wäre das? Würdest du dir ein höheres Gehalt wünschen? Würdest du dir einen netten, verständnisvollen Chef wünschen? Würdest du dir Kolleginnen und Kollegen wünschen, die deine Arbeit jeden Tag schätzen und anerkennen?

Die meisten von uns träumen davon, mindestens einen Aspekt ihres Arbeitslebens zu verbessern, aber alles an einem Job zu ändern, kann eine Herausforderung sein und sich außerhalb unserer Kontrolle befinden. Viele Menschen sehnen sich nach einer Work-Life-Balance, die es ihnen ermöglicht, die Zeit zwischen Arbeit und Freizeit gleichmäßig aufzuteilen, so dass sie die Last der Arbeit nicht in ihr Privatleben tragen müssen. Aber ist das überhaupt möglich in einer westlichen Welt, die von Industrie und Produktivität lebt?

Traurigerweise gaben 40 % der Arbeitnehmer/innen an, dass ihr Job sehr oder extrem stressig ist, und 25 % betrachten ihren Job als den größten Stressfaktor in ihrem Leben (Batson, 2021). Die Bewertung des Glücks während eines Arbeitstages klingt subjektiv - und bis zu einem gewissen Grad ist sie das auch -, aber angesichts dieser Statistik können die meisten von uns nicht leugnen, dass ein stressiger Job für niemanden die Vorstellung eines perfekten Tages ist.

In diesem Abschnitt erfahren wir, wie wir Stressgefühle am Arbeitsplatz und darüber hinaus abbauen können. Mit bewussten Atemtechniken können wir besser erkennen, wann wir uns wegen der Arbeit ängstlich fühlen und lernen, in diesen Momenten Pausen einzulegen, um neue

Energie zu tanken. Wir werden auch darüber sprechen, wie wir Leben und Arbeit besser in Einklang bringen können, damit letztere nicht den größten Teil unseres Tages einnimmt. Für die meisten von uns ist die Arbeit ein notwendiger Teil unseres Lebens, aber es gibt Möglichkeiten, unsere Gedanken über die Arbeit zu verbessern, damit ihre Herausforderungen zu produktiven Lernmöglichkeiten werden.

Was ist Arbeit wirklich?

Beim Verständnis der Konzepte, die in diesem Kapitel vorgestellt werden, wird mir klar, dass das Wort "Arbeit" einschränkend wirken könnte. Was ist denn schließlich Arbeit? Wir alle haben "Arbeit", die wir erledigen müssen, oder? Dieses einfache Wort hat viele Bedeutungen und kann für manche einen negativen Beigeschmack haben. Wenn wir den Begriff "Arbeit" überdenken und neu definieren, können wir ihn auf neue Weise erforschen. Viele der hier vorgestellten Ideen können sich zwar auf einen Nine-to-Five-Job beziehen, aber auch auf alle anderen Aufgaben, die sich täglich als notwendig erweisen.

Da es alle Arten von Arbeitsplätzen und Menschen gibt, die für diese Arbeitsplätze arbeiten, ist es zunächst notwendig, die verschiedenen Arten von Arbeit zu beschreiben, denn jede hat ihre Bedeutung. Die Führungskräfte großer Unternehmen sorgen dafür, dass die Mitarbeiter/innen ihre Aufgaben erfüllen und mit ihrer Rolle zufrieden sind. Berufseinsteiger/innen in einem Unternehmen arbeiten, um Erfahrungen zu sammeln und zu lernen, wie man führt. Trainer/innen in einem Fitnessstudio bauen Beziehungen zu ihren Kund/innen auf, damit diese motiviert sind, zu trainieren. Unbezahlte Betreuer/innen arbeiten, um ihre Lieben in Zeiten der Not und Abhängigkeit zu unterstützen. Eltern, die zu Hause bleiben, müssen jeden Tag schwierige Entscheidungen für ihre Familien treffen. Unabhängig von der Art der "Arbeit", die du ausübst, machst du einen Unterschied im Leben anderer und brauchst Unterstützung und Nahrung, um dies weiterhin zu tun.

Da es offensichtlich ist, dass der Gedanke an "Arbeit" nicht jeden sofort begeistert, muss ein erster Schritt auf dem Weg zur Zufriedenheit mit der Arbeit darin bestehen, alle Problempunkte oder verbesserungswürdigen Bereiche zu identifizieren. Das muss keine riesige Aufgabe sein, aber es ist ein wichtiger Anfang, um zu verstehen, wie man die Arbeitssituation verändern oder anpassen kann. Genau wie in anderen Bereichen unseres Lebens brauchen wir auch bei der Arbeit eine nachhaltige Erfahrung, damit wir nicht zu schnell ausbrennen.

Nimm dir etwas Zeit, um deine aktuelle Situation und die Teile, die deiner Meinung nach besser sein könnten, zu untersuchen. Was wäre nötig, um sie zu verbessern? Welche Gespräche müsstest du führen? Wie würdest du diese Gespräche führen? Wenn es Listen gibt, die du in diesem Prozess anfertigen musst, ist jetzt der richtige Zeitpunkt, um Papier oder ein Notizbuch hervorzuholen und Ideen aufzuschreiben. Beim Brainstorming gibt es keine falschen Antworten, also kannst du alles auflisten, was dir bei der Auswertung deiner Arbeitserfahrungen in den Sinn kommt.

Bewertung von Arbeitsstress

Stell dir vor, du hättest einen Job, bei dem du morgens nach einem erholsamen Schlaf aufwachst, acht produktive Stunden ohne Unterbrechung arbeitest und dann deinen Tag mit Aktivitäten beendest, die dir Spaß machen, ohne auch nur den Hauch einer Erinnerung an deinen Job. Ja, genau. Wenn du an dieser Stelle mit den Augen rollst, geht es mir genauso - das ist für jeden Beruf ein Ding der Unmöglichkeit.

Eine wichtige Frage, die du dir stellen solltest, ist: "Was macht deinen Job besonders stressig?" Du könntest eine lange Liste von Beispielen haben, um diese Frage zu beantworten, aber konzentrieren wir uns erst einmal auf die wichtigsten ein oder zwei. Wenn du die Gelegenheit hattest, darüber nachzudenken, was deinen Job verbessern könnte, kannst du gerne ein oder zwei Ideen aus dieser Liste verwenden. In Wirklichkeit könntest du den Arbeitsstress wahrscheinlich in einen der folgenden Bereiche einteilen: den körperlichen, den emotionalen und den organisatorischen. Höchstwahrscheinlich kann jede Stressquelle, die du aufzählst, in eine dieser Kategorien fallen, also nimm dir einen

Moment Zeit, um zu entscheiden, in welche Kategorien deine Top-Beispiele fallen.

Um besser zu verstehen, welche Auswirkungen die einzelnen Kategorien haben können, werden wir nun einige Beispiele für Stress in diesen Kategorien untersuchen.

Körperlicher Arbeitsstress

Die körperliche Belastung durch einen Job kann sich exponentiell summieren. Diese Kategorie ist in der Regel eine der stressigsten, wenn du dich auf die Nachhaltigkeit eines Jobs konzentrierst. Wenn du zum Beispiel den ganzen Tag über schwere Gegenstände hebst, laute Geräusche erträgst oder bei schlechten Lichtverhältnissen arbeitest, wird sich der Stress mit der Zeit wahrscheinlich auf deinen Körper auswirken.

Emotionaler Arbeitsstress

Frage: Was ist manchmal schwieriger zu bewältigen als der körperliche Stress eines Jobs?

Antwort: Der emotionale Tribut, den es fordert.

Psychische Stressfaktoren wie Mobbing, schlechte Arbeitsbeziehungen, hohe Arbeitsanforderungen oder psychische Ängste wirken sich auf das emotionale Wohlbefinden einer Person aus. Manche Menschen mögen dies als "nur ein Teil des Jobs" abtun, aber es ist wichtig, sich genauer anzuschauen, welche Folgen solche Faktoren im Laufe der Zeit haben, denn eine Person könnte feststellen, dass ihre Karriere auf lange Sicht keinen Schaden wert ist.

Organisatorischer Arbeitsstress

Der organisatorische Stress am Arbeitsplatz ist meist etwas subtiler, kann sich aber mit der Zeit einschleichen. Wenn die Managementstruktur eines Arbeitsplatzes mit der Zeit die Leistung der Beschäftigten beeinträchtigt, leiden alle darunter. Diese Art von Stress kann sich zwar auch emotional auf eine Person auswirken, aber die Ursache liegt in den Unzulänglichkeiten des Unternehmens als Ganzes. Wenn Mitarbeiter/innen zum Beispiel nicht die richtigen Werkzeuge zur Verfügung gestellt bekommen, um eine Arbeit zu erledigen, kann Stress entstehen. Sicherlich können Arbeitgeber diesen Mangel an Hilfsmitteln als eine Möglichkeit auslegen, die Mitarbeiter/innen ihren Einfallsreichtum und ihre Kreativität unter Beweis stellen zu lassen, aber es gibt zahlreiche andere Möglichkeiten, den Mitarbeiter/innen zu ermöglichen, diese Fähigkeiten unter Beweis zu stellen und gleichzeitig ihre Grundbedürfnisse zu erfüllen. Eine Unternehmenskultur, die offene Kommunikation und Vertrauen fördert und das Wohlbefinden der Mitarbeiter unterstützt, kann sowohl für das Unternehmen als auch für die Mitarbeiter von Vorteil sein.

Job Insight

Wie du weißt, lasten die Auswirkungen eines Jobs nicht nur in einem bestimmten Moment auf einer Person. Wir häufen den Stress an, während er sich von einer Aufgabe zur nächsten schraubt. Deshalb ist es wichtig, Werkzeuge zu haben, um diesen Stress zu bekämpfen, bevor er außer Kontrolle gerät.

Wenn du jemals einen Job erlebt hast, bei dem es eine hohe Fluktuationsrate, eine schlechte Arbeitsmoral oder übermäßige Fehlzeiten gibt, hast du wahrscheinlich einige Zeit darüber nachgedacht, ob es sich lohnt, diesen Job weiterzumachen. Wenn du über deine Entscheidung nachdenkst, solltest du wissen, dass du nicht allein bist und dass es jemandem irgendwo ähnlich geht.

Selbst in den stressigsten Momenten in deinem Job solltest du daran denken, dass du in den meisten Fällen immer noch die Wahl hast, wie es weitergeht. Selbst wenn du das Gefühl hast, in einem Job festzustecken, der Stress verursacht, kannst du immer noch entscheiden, wie es weitergeht. In manchen Fällen kann das bedeuten, den Job ganz zu verlassen, aber das muss nicht sein. Ein wichtiges Gespräch mit anderen über die Vereinbarkeit von Beruf und Privatleben, Stressfaktoren im Job oder die körperlichen Anforderungen deines Tages kann dazu führen, dass sich dein Selbstvertrauen und deine Leistung im Job verbessern.

Wenn du dir selbst mehr Klarheit darüber verschaffst, wie du dich bei deiner täglichen Arbeit fühlst, kannst du dir das Wissen aneignen, das du brauchst, um einige schwierige Entscheidungen zu treffen, was du als Nächstes tun willst. Überlege dir, wie du die folgenden Fragen beantwortest und was du mit deiner Antwort bezweckst:

- Fühlst du dich an deinem Arbeitsplatz wichtig?
- Hast du das Gefühl, dass du eine direkte Rolle für den Erfolg deiner Arbeit spielst?
- Hast du ein freundschaftliches Verhältnis zu deinen Kollegen?
- Bist du an der Entscheidungsfindung an deinem Arbeitsplatz beteiligt?
- Willst du an der Entscheidungsfindung an deinem Arbeitsplatz beteiligt werden?
- Was denkst du darüber, wie du in fünf Jahren in deinem jetzigen Beruf arbeiten wirst?

Es gibt zwar Möglichkeiten, jeden Tag bedeutende Veränderungen in unserem Leben vorzunehmen, aber manchmal sind kleine Veränderungen alles, was wir brauchen, um uns kurzzeitig zu motivieren. Das kann ausreichen, um uns durch den Tag zu bringen und uns für kommende Aufgaben zu stärken.

Um im Laufe des Tages achtsamer zu werden, solltest du dir Zeit nehmen, ein paar Minuten am Stück tiefe Atemübungen zu machen. Suche dir wie zu Hause einen ruhigen, bequemen Platz, an dem du dich für ein paar Minuten entspannen kannst. Wenn du kannst, dimme das Licht oder schließe deine Augen und konzentriere dich auf das Ein- und Ausatmen, um Spannungen abzubauen.

Im nächsten Abschnitt lernst du verschiedene Möglichkeiten kennen, wie du mit Atemtechniken Stress abbauen und dich schnell beruhigen kannst. Probiere sie am Schreibtisch, in der Mittagspause oder wenn du einfach einen ruhigen Moment am Tag hast. Diese Übungen dauern nicht lange, also kannst du dir im Laufe deines Tages jede Menge Zeit dafür nehmen, um dich zu entspannen.

Bewusste Atemübungen

Die Idee, sich auf den Atem zu konzentrieren, kann sich manchmal wie eine lästige Übung in Vergeblichkeit anfühlen. Wir sitzen da, atmen ein und aus und versuchen, unsere Aufmerksamkeit auf unsere Atmung zu richten. Wie oft hast du dich schon von dieser Übung abgelenkt und besiegt gefühlt? Schließlich ist der Verstand zum Denken da und will zu jeder Zeit des Tages etwas zu tun haben, während wir bei Bewusstsein sind.

Um den Stress zu lindern, den du vielleicht in der Vergangenheit erlebt hast, wenn du dich auf den Atem konzentriert hast, gibt es verschiedene Möglichkeiten, mit dem bewussten Atmen während der Meditation oder anderen Aktivitäten zu experimentieren.

Eine Idee für bewusstes Atmen ist es, bei jedem Atemzug leise von eins bis zehn zu zählen. Das gibt deinem Geist etwas, worauf er sich konzentrieren kann, und lenkt dein Gehirn auf eine einfache, aber auf eine Aufgabe konzentrierte Tätigkeit. Wenn du die Zahl zehn in deinem Kopf erreicht hast, kannst du von zehn bis eins rückwärts zählen und dabei die Zahl mit jedem Atemzug synchronisieren. Mach das so lange wie nötig, damit du dich auf eine Sache konzentrieren kannst, während du gleichzeitig ernste und unnötige Gedanken aus deinem Kopf verbannst.

Laut *Harvard Business Review* kann das Hinzufügen von Achtsamkeitsübungen während des Arbeitstages die Produktivität und Aufmerksamkeit verbessern, wenn es darum geht, zu planen, zu organisieren oder etwas zu schaffen, was zu einer besseren Konzentration der Mitarbeiter/innen führt. Darüber hinaus sind die beiden entscheidenden Fähigkeiten der Achtsamkeit "Fokus" und

"Bewusstsein", da diese Bereiche eine Abkehr von den Unterbrechungen des Geistes darstellen (Hougaard & Carter, 2016).

Achtsame Übungen wie das bewusste Atmen, die sowohl zu Hause als auch im Büro praktiziert werden, bringen Entspannung in unseren Tag, damit sich der Rest zielgerichtet und effektiv anfühlt.

Ankeratmung

Eine Art der bewussten Atmung, die du sowohl am Arbeitsplatz als auch außerhalb ausprobieren kannst, ist die Technik der Ankeratmung. Diese Art der Atmung ermöglicht es einer Person, ihre Gedanken vollständig auf ihren Atem zu konzentrieren oder Gedanken zu "verankern", so dass der Geist in ein Szenario vertieft ist, das zu einem angenehmen Ergebnis führt (Celestine, 2020). Du könntest dir vorstellen, dass du dich an einem warmen Sommertag auf einem weichen Handtuch am Strand entspannst. Du kannst den Boden unter dir spüren und fühlst dich mit der Erde verbunden. Oder du nimmst einfach das Gefühl des Atems wahr. Lege dich hin, schließe die Augen und lege deine Hände auf deinen Bauch. Atme langsam ein und aus und spüre, wie sich dein Bauch beim Atmen hebt und senkt. Das ist dein Ankerpunkt. Konzentriere dich auf diese Bewegung und atme ein paar Momente lang ein und aus, um die Entspannung zu spüren.

Box-Atmung

Eine Methode, die als Box-Atmung bekannt ist, ermöglicht es dir, Entspannung zu erlangen, indem du einatmest, einen Atemzug anhältst und eine bestimmte Anzahl von Sekunden ausatmest. Diese Atemtechnik kann schnell und einfach ein Gefühl der Ruhe und des Wohlbefindens in den Geist bringen. Die Übung kann an vielen Orten durchgeführt werden, z. B. auf einem Bürostuhl oder einer Parkbank.

Bei der Boxatmung werden die Teilnehmer aufgefordert, viermal einzuatmen, viermal auszuatmen, viermal auszuatmen und viermal auszuatmen, bevor diese Sequenz wiederholt wird. Diese beruhigende Atmung gibt dir die Möglichkeit, dich auf die Zählungen innerhalb deines Atems zu konzentrieren, anstatt dich von deiner Umgebung ablenken zu lassen, während du daran arbeitest, deinen Geist zu beruhigen.

Die 4-3-7-Atmung und das zyklische Seufzen

Eine der beruhigendsten Atemtechniken ist die Atmung, die sich auf längere Ausatmungen konzentriert.

Eine davon ist die 4-3-7-Atemtechnik. Das bedeutet, dass du vier Sekunden lang einatmest, den Atem drei Sekunden lang anhältst und sieben Sekunden lang ausatmest. Es gibt Variationen für die Dauer von Einatmen, Anhalten und Ausatmen, z.B. 4-7-8. Der Schlüssel ist das extralange Ausatmen. Diese langen Ausatmungen lassen die Anspannung los und aktivieren den parasympathischen ("Ruhe und Entspannung") Teil des vegetativen Nervensystems. Ich empfehle außerdem, nach dem langen Ausatmen eine Pause von einigen Sekunden einzulegen, bevor du den nächsten Zyklus wiederholst. Stell dir bei dieser Übung deinen Bauch als Ballon vor, den du so weit wie möglich aufblasen willst, während du die Luft in deinen Lungen ausatmest. Wiederhole diese Atemtechnik ein paar Minuten lang bei der Arbeit oder zu Hause, um deinen Geist zu beruhigen oder bevor du zu einer neuen Aktivität übergehst.

Eine weitere Methode ist das zyklische Seufzen, auch physiologischer Seufzer genannt. Beim zyklischen Seufzen atmest du erst voll ein und dann noch einmal aus. Es kann helfen, wenn du spürst, wie sich die Seiten deiner Rippen durch diesen zusätzlichen Atemzug weiter ausdehnen. Als Nächstes atmest du langsam und lang ausgeatmet aus. Zyklisches Seufzen kann die Stimmung verbessern und Stress abbauen (Balban et al, 2023).

Ich habe festgestellt, dass diese beiden Atemmethoden, die sich auf langsame, ausgedehnte Ausatmungen konzentrieren, effektiv sind und sich in meiner klinischen Praxis leicht anwenden lassen.

Achtsame Ideen für mehr Produktivität

Auch wenn jeder Job seine Höhen und Tiefen hat, ist es wichtig, sich auf Hilfsmittel zu verlassen, die dir helfen, dich jeden Tag entspannter und produktiver zu fühlen. Es gibt Hinweise darauf, dass die Praxis der Achtsamkeit den Menschen am Arbeitsplatz helfen kann und zu positiven Ergebnissen wie sozialem Verhalten, Authentizität, Kreativität und Führungsqualitäten führt (Rupprecht et al., 2019). Wenn wir in Achtsamkeitspraktiken investieren und uns auf sie verlassen, um uns durch den Tag zu führen, öffnen wir unseren Geist für mehr Möglichkeiten.

Die folgenden Ideen bieten dir Möglichkeiten, dich vor, während oder nach der Arbeit mit achtsamen Praktiken zu beschäftigen.

- Bleibe anderen gegenüber bei der Arbeit aufgeschlossen. Vermeide es, über ihre Arbeit oder Situation zu urteilen.
- Erforsche neue Ideen bei der Arbeit mit Kollegen, indem du Fragen stellst, ein Walking-Meeting planst oder jemanden als Mentor suchst, den du in deinem Beruf bewunderst.
- Schaffe dir einen ruhigen Raum, egal wo du arbeitest (zu Hause oder im Büro, draußen oder drinnen).
- Lege einen Zeitpunkt fest, an dem du deine Arbeit beendest. Mach einen Punkt, an dem du deinen Arbeitstag abschließt und am nächsten Tag weitermachst.
- Denk daran, alle 30-45 Minuten eine Pause vom Bildschirm zu machen und deinen Körper zu bewegen. Geh spazieren, dehne dich, mach dir ein heißes Getränk - das hilft deinem Geist, sich wieder auf die Arbeit zu konzentrieren.
- Erstelle zu Beginn jeder Woche eine Prioritätenliste und plane, was wann erledigt werden muss - alles, was nicht so dringend ist,

kannst du auf eine separate Liste setzen, die du abarbeitest, wenn du nach den dringenden Aufgaben noch Zeit hast.

- Baue eine Dankbarkeitsübung in deinen Arbeitstag ein. Überlege dir drei Dinge, für die du an deinem Job, deinem Unternehmen, deiner Branche oder deinen Kollegen dankbar bist.
- Ermutige dich selbst und andere, an Aktivitäten zur Selbstfürsorge teilzunehmen, sowohl innerhalb als auch außerhalb der Arbeit. Dies trägt dazu bei, eine Kultur zu fördern, die Selbstfürsorge schätzt.
- Packe ein gesundes Mittagessen und Snacks für die Arbeit ein, die dich den ganzen Tag über nicht träge werden lassen.
- Setze dir zu Beginn eines jeden Arbeitstages ein Ziel. Was hoffst du zu erreichen?
- Mache eine kurze Meditationspause bei der Arbeit (suche dir einen ruhigen Ort und benutze Kopfhörer, um den Lärm auszublenden, falls nötig).
- Sei dir bewusst, dass manche Arbeitstage besser sein werden als andere. Es wird Herausforderungen und Misserfolge geben.
- Benutze einen bequemen Stuhl für die Arbeit (wenn du für deinen Job sitzt).
- Schränke Multitasking so weit wie möglich ein.
- Stelle dir einen Telefonalarm, um "Meditationspausen" zu machen (auch wenn es nur ein paar Minuten sind).
- Nimm bei Bedarf professionelle Hilfe in Anspruch. Sprich mit deinem Vorgesetzten, wenn es dir zu viel wird, und sprich mit einem Berater über arbeitsbedingte Stressprobleme.
- Höre anderen bei der Arbeit aktiv zu. Fordere andere auf, das Gleiche für dich zu tun.
- Suche nach Möglichkeiten, dich weiterzuentwickeln (lerne weiter, auch wenn du lange Zeit denselben Job gemacht hast).

- Zeige Respekt für andere. Du wirst feststellen, dass andere auch dich respektieren werden.

- Warte nicht damit, deinen Kollegen von einer guten Arbeit zu erzählen. Bedanke dich bei den Leuten für ihre Arbeit, auch wenn es nur kleine Aufgaben sind, und du wirst bald merken, dass die Leute das auch für dich tun werden.

- Wenn du von zu Hause aus arbeitest, solltest du dir eine "Übergangsaufgabe" einfallen lassen, um deinem Geist und Körper zu signalisieren, dass der Arbeitstag vorbei ist. Das kann ein Spaziergang sein, ein Tee, deine Lieblingsmusik - irgendetwas, das dich zum Abschalten animiert.

- Halte Gespräche über die Arbeit außerhalb der Arbeit in einem Zeitfenster fest, wenn du dich mit Arbeitskollegen oder anderen Freunden und der Familie triffst. Lege ein Zeitlimit fest, in dem jeder oder jede über die Arbeit sprechen darf, damit sie nicht all die anderen tollen Dinge, über die ihr euch austauschen könnt, dominiert.

- Schaffe Anreize und Belohnungen für dich selbst für erledigte Aufgaben.

- Erkenne die Routine deines Tages (Kaffee trinken, an einer morgendlichen Besprechung teilnehmen, regelmäßig zu Mittag essen) und finde Trost darin.

- Hab keine Angst, den Job (oder die Karriere) zu wechseln, wenn etwas nicht funktioniert. Lasse dich beraten, wie du den Übergang zu etwas anderem schaffen kannst.

Hinweis: Die oben genannten Ideen zur Selbstfürsorge helfen deinem Gehirn und deinem Körper, sich auf die regelmäßige Achtsamkeitsmeditation einzustellen. Im Anhang findest du kostenlose Audioguides zu Achtsamkeitsmeditationen. Nutze diese Audioanleitungen zusammen mit den oben genannten Selbstfürsorgepraktiken, wenn du dein "Jahr der Achtsamkeit" beginnst.

Die wichtigsten Erkenntnisse

Denke daran, dass Arbeit in jeglicher Form nicht immer einfach ist, aber mit zusätzlichen Strategien für die Gesundheit deines Gehirns kannst du diese Werkzeuge in und außerhalb deines Arbeitstages einsetzen, um ein Gefühl der Kontrolle und Entspannung zu bekommen.

- Überprüfe, was du tagsüber als "Arbeit" bezeichnest. Welche Aufgaben hast du in deinem Leben übernommen?

- Erkenne, welche Stressfaktoren du jeden Tag bei der Arbeit erlebst. Mache eine Liste davon. Entscheide, was körperlicher, emotionaler oder organisatorischer Stress ist.

- Arbeite daran, zu verstehen, warum du dich während deines Arbeitstages herausgefordert, positiv oder negativ fühlst, einsam oder kraftvoll bist oder welche anderen Gefühle du hast. Wenn du deine Gefühle bei der Arbeit verstehst, kannst du in stressigen Momenten Achtsamkeitsübungen anwenden.

- Mit achtsamen Atemübungen wie Anker, Box, 4-3-7 und zyklischem Seufzen kannst du schnelle, beruhigende Techniken anwenden, die praktisch sind, um Spannungen während des Arbeitstages abzubauen.

Wie du weißt, kann Stress einen Welleneffekt in anderen Lebensbereichen verursachen. Schwierige Emotionen treten nicht nur am Arbeitsplatz, sondern auch zu Hause auf und hinterlassen einen schädlichen Einfluss auf unseren Körper. Wenn Stress auftritt, ist unser Verdauungssystem einer der am meisten gefährdeten Bereiche. Im nächsten Kapitel werden wir uns mit der wichtigen Rolle einer guten Verdauung in unserem Leben befassen.

Kapitel 9:

Die Verdauung und du - Ein achtsamer Ansatz für das Gewichtsmanagement

Da stehst du wieder vor der Entscheidung, was du essen sollst. Du könntest etwas Gesundes wählen, aber du bist am Verhungern und hast das Gefühl, dass Gemüse und Obst dich nicht satt machen. Du könntest auf dem Heimweg von der Arbeit bei deiner Lieblingspizzeria vorbeischauen, aber ist das heute die beste Wahl? Fühlst du dich gut, wenn du jedes Stück innerhalb von 10 Minuten verschlingst, während du fernsiehst?

Warum haben wir immer das Gefühl, dass wir nur ein paar Minuten Zeit haben, um eine Mahlzeit von Anfang bis Ende zu essen? Sind wir tagsüber so beschäftigt, dass wir uns keine Zeit nehmen können, um uns hinzusetzen und zu essen? Wenn du jetzt rufst: "Ja! Ich bin tatsächlich so beschäftigt!" dann bin ich ganz bei dir.

Ein achtsamer Umgang mit dem Essen klingt zwar wie ein Ding der Unmöglichkeit, aber wir können uns alle Zeit dafür nehmen, wir müssen nur wissen, wie. Die uralte Frage, was man essen soll, stresst Einzelpersonen und Familien oft so sehr, dass sie sich für schnelle, ungesunde Mahlzeiten entscheiden, die Gewichtsprobleme, Krankheiten und Magen-Darm-Probleme verursachen. Was wir jedoch oft ignorieren, ist, wie sehr die Verdauung mit unseren Gefühlen zusammenhängt.

Es ist an der Zeit, die Kontrolle über die Lebensmittel, die du isst, zu übernehmen, indem du achtsamere Entscheidungen triffst. Du bist bereits auf dem besten Weg, dies zu lernen, indem du dir bewusst machst, in welchen anderen Bereichen deines Lebens du mehr Achtsamkeit brauchst. In diesem Kapitel erfährst du, wie du mit einfachen Mitteln dein Bewusstsein für Lebensmittel schärfen kannst, um bewusst zu essen und deinen Körper und Geist zu pflegen.

Achtsames Essen

Beginnen wir dieses Gespräch mit einer Zusammenfassung der Grundidee der Achtsamkeit, die in diesem Buch bisher vorgestellt wurde. Wenn dir eine Sache an der Praxis aufgefallen ist, dann vielleicht diese: Es ist kein Prozess, der überstürzt werden sollte. Nimm dir wirklich einen Moment Zeit, um darüber nachzudenken. Ist der schnellste Weg immer der beste Weg? In unserer Gesellschaft, in der es darum geht, zu essen oder gegessen zu werden und zuerst den Gipfel zu erreichen, neigen wir dazu, so zu denken, aber wenn es darauf ankommt, zahlt sich Langsamkeit und Stetigkeit aus - besonders bei achtsamen Praktiken.

Da Achtsamkeit erfordert, dass sich eine Person auf ihr Bewusstsein und ihre gegenwärtige Situation konzentriert, ist die Praxis des achtsamen Essens eng mit dieser Absicht verbunden. Wenn man mit Bedacht auswählt, was man isst, und sich hinsetzt, um den Prozess des Essens langsam in sich aufzunehmen, macht man insgesamt eine achtsamere Erfahrung. "Achtsames Essen ermutigt dazu, Entscheidungen zu treffen, die den Körper befriedigen und nähren. Es wird jedoch davon abgeraten, das eigene Essverhalten zu 'bewerten', da es verschiedene Arten von Esserfahrungen gibt" (Harvard School of Public Health, 2020).

Denke daran, wie oft du in deinem Leben schon gedacht hast: "Ich hasse mich dafür, dass ich das gegessen habe. Die Idee des achtsamen Essens ist kein Freifahrtschein, um zu essen, was du willst, aber sie fordert dich auf, innezuhalten und dir mehr Fragen zu stellen, bevor du dein Essen zu dir nimmst. Wenn du das nächste Mal hungrig bist, solltest du einen Moment innehalten und dich fragen:

- Bin ich hungrig oder gelangweilt?

- Könnte ich eine Aktivität finden, die mich vom Essen ablenkt, oder brauche ich zu diesem Zeitpunkt wirklich etwas zu essen?

- Mit welchem Essen werde ich mich in drei Stunden gesund und energiegeladen fühlen?

Indem du dir deine Gefühle zu dieser Situation bewusst machst, vermeidest du den schnellen, gedankenlosen Prozess, bei dem wir Essen in unseren Körper stopfen, nur weil wir es können oder weil wir das Gefühl haben, dass wir keine andere Wahl haben.

"Achtsames Essen entstammt der umfassenderen Philosophie der Achtsamkeit, einer weit verbreiteten, jahrhundertealten Praxis, die in vielen Religionen verwendet wird. Achtsamkeit ist eine bewusste Konzentration auf die eigenen Gedanken, Gefühle und körperlichen Empfindungen im gegenwärtigen Moment" (Harvard School of Public Health, 2020). Indem du den gegenwärtigen Moment in den Vordergrund stellst, wappnest du dich automatisch mit einer unglaublichen Fähigkeit, wenn es Zeit ist, eine Mahlzeit oder einen Snack zuzubereiten und zu essen. Nachdem du dir bewusst gemacht hast, wie hungrig du dich fühlst, kannst du entscheiden, welche Lebensmittel in diesem Moment die richtigen für dich sind. Das kann manchmal bedeuten, dass ein Cheeseburger oder ein Eis in Maßen das Richtige für dich ist, aber wenn du dich für eine gesündere Variante entscheidest, bist du vielleicht genauso satt und kommst länger durch den Tag.

Es geht darum, langsam und bewusst zu beginnen, anders über Lebensmittel zu denken. Betrachte jeden Aspekt einer Mahlzeit von Anfang bis Ende. Denke darüber nach, woher die Lebensmittel kommen, wie sehr du die ausgewählten Lebensmittel magst oder nicht und wie sich dein Körper nach dem Essen anfühlt. Wenn wir uns die Zeit nehmen, dies zu bedenken, verlangsamen wir den Prozess, an den wir uns gewöhnt haben, und haben die Chance, die Lebensmittel zu genießen, die wir essen.

Ich weiß, was du jetzt denkst. Du fragst dich vielleicht, wie man etwas "entschleunigen" kann, wenn du an den meisten Tagen daran arbeitest, dich selbst und vielleicht auch andere auf Kurs zu halten. Wie bei jedem langfristigen Ziel solltest du auch bei diesem klein anfangen. Du musst nicht dein ganzes Leben umkrempeln und alles ändern, was du bisher gegessen hast, aber du kannst den Prozess beginnen, indem du ein Bewusstsein für deine Essgewohnheiten entwickelst. Ein genauer Blick darauf, wann und wie du isst, kann dir viel über deine Gewohnheiten verraten.

Einer der wichtigsten Schritte, um das Bewusstsein für achtsame Essgewohnheiten zu schärfen, besteht darin, den Lebensmitteln, die wir essen, mehr Aufmerksamkeit zu schenken. Beim Einkaufen oder bei der Auswahl von Speisen in einem Restaurant ist es wichtig, sich einen Moment mit den Optionen auseinanderzusetzen und nachzudenken. Überlege, was dich am meisten zufrieden stellt und dein Essverhalten verbessert. An manchen Tagen kann das bedeuten, dass du dir Lebensmittel gönnst, die vielleicht nicht ganz so gesund sind wie andere, aber versuche, dies achtsam zu tun und deine Sinne zu nutzen, um das Essen zu erleben. Verlangsame deinen Essensprozess, indem du dir Zeit nimmst, das Essen zuerst anzuschauen und zu riechen. Warte einige Minuten, bevor du es probierst. Schätze die Art und Weise, wie das Essen für dich zubereitet wurde oder wie du das Essen zubereitet hast, das du gleich genießen wirst. Wenn du deine körperlichen und emotionalen Sinne einsetzt, um das Essen zu genießen, kannst du das Essen viel achtsamer erleben. So kannst du beim Essen im Moment bleiben, anstatt auf dein Hungergefühl zu reagieren (Harvard School of Public Health, 2020).

Gewichtsmanagement

Wenn du lernst, achtsam zu essen, solltest du dich über gesunde Lebensmittel informieren, mit denen sich dein Körper am besten fühlt. Ich glaube fest daran, dass achtsames Essen zu einer gesünderen Ernährung führen kann. Die Ideen in diesem Abschnitt haben zwar nicht unbedingt das Ziel, Gewicht zu verlieren, aber sie geben dir eine Anleitung, wie du durch langsames und bewusstes Essen gesündere Lebensmittel zu dir nehmen kannst.

Die hier vorgestellten Ideen sollen das Gewichtsmanagement durch die Schaffung von gesunden Gewohnheiten und Routinen fördern. "Interventionsstudien haben gezeigt, dass Achtsamkeitsansätze ein wirksames Mittel bei der Behandlung von ungünstigen Verhaltensweisen wie emotionalem Essen und Essanfällen sein können, die zu Gewichtszunahme und Fettleibigkeit führen können" (Harvard School of Public Health, 2020). Wenn du heute damit beginnst, dir gesunde Essgewohnheiten anzueignen, ebnest du den Weg für einen Prozess des achtsamen Wachstums für dich selbst. Es ist nicht leicht zu entscheiden, was du essen willst, ohne dabei zu vergessen, was du essen *solltest*. Aber wenn du deinem Gehirn bewusst die Möglichkeit gibst, zielgerichtete Entscheidungen über das Essen zu treffen, kannst du eine bessere Einstellung zum Essen entwickeln.

Wenn du dich bewusst ernährst, denke daran:

- Plane Routinen für das Essen ein.
- Vermeide übermäßiges Naschen, aber iss, wenn du hungrig bist.
- Lagere gesunde Lebensmittel im Haus und am Arbeitsplatz.

Eine Routine beim Essen kann dafür sorgen, dass du nicht in Panik gerätst, wenn du daran denkst, wann die nächste Mahlzeit ansteht. Wenn du das Haus verlässt, solltest du einen gesunden Snack einpacken, damit du nicht ohne etwas zu essen dastehst.

Für manche kann das Auslassen von Mahlzeiten zu übermäßigem Hunger und übermäßigem Essen führen, was die Bemühungen um eine bewusstere Ernährung behindern kann. Es ist aber auch wichtig, dass du dich für eine Mahlzeit entscheidest, weil du hungrig bist, und dich nicht zu einem Snack zwingst, nur weil du meinst, dass du ihn essen musst. Überlege dir im Voraus einige einfache und gesunde Snack- oder Mahlzeitenoptionen für den Fall, dass du hungrig bist.

Wenn du gesunde Lebensmittel in deiner Speisekammer und deinem Kühlschrank vorrätig hast, musst du keine schweren Entscheidungen treffen, wenn du hungrig bist. Packe dir ein Mittagessen ein, bevor du das Haus verlässt, um zur Arbeit zu gehen, und nimm Lebensmittel mit, die deinen Appetit stillen, damit du länger satt bleibst. Frisches Obst,

Gemüse, ein gesundes Eiweiß wie Bohnen, Erdnussbutter oder Hummus und ein Getreide wie Vollkorncracker oder Nudeln können dir helfen, den Tag mit Energie zu überstehen (Harvard T.H. Chan School of Public Health, 2019).

Wenn du die Mahlzeiten für die Woche im Voraus zubereitest, z. B. an den Wochenenden, kannst du auch deine Ernährung achtsamer gestalten. Wenn du die Zutaten einkaufst und ein gesundes Lunchpaket für die kommende Woche zusammenstellst, verbringst du wahrscheinlich mehr Zeit damit, darüber nachzudenken, welche Lebensmittel du deinem Körper zuführst, anstatt schnell Fast Food zu essen, weil du tagsüber keine Zeit hast. Wenn du eine Familie hast, kannst du die Zubereitung der Mahlzeiten zu einer Aktivität machen, an der ihr alle am Wochenende teilnehmen könnt, um euch gegenseitig dabei zu helfen, innezuhalten und darüber nachzudenken, was ihr unter der Woche essen wollt.

Achtsame Ideen für gesundes Essen

Achtsamkeit beim Essen bedeutet, die Erfahrung des Essens bewusst wahrzunehmen und zu überlegen, was das Beste für unseren Körper ist. Fang an zu hören, wenn du dich satt, krank oder hungrig fühlst, damit du die richtigen Entscheidungen treffen kannst, wenn es darum geht, besser zu essen und zu leben. "Die Kombination von Verhaltensstrategien wie Achtsamkeitstraining mit Ernährungswissen kann zu einer gesunden Lebensmittelauswahl führen, die das Risiko chronischer Krankheiten verringert, angenehmere Esserlebnisse fördert und ein gesundes Körperbild unterstützt" (Harvard School of Public Health, 2020). Wenn du deine aktuellen Essgewohnheiten kennst, kannst du fundiertere Entscheidungen darüber treffen, wie du deine Mahlzeiten täglich zubereiten und essen möchtest.

Die folgenden achtsamen Ideen für eine gesunde Ernährung können dabei helfen, über Lebensmittel nachzudenken und neue Gewohnheiten zu entwickeln.

- Mach beim Essen oder Trinken langsam.
- Erstelle einen "Essensplan" und halte dich an diese Zeiten.
- Beiß und kaue langsam und gründlich.
- Achte auf die Herkunft deiner Lebensmittel. Woher kommen die Produkte? Sind sie natürlich? Hilft der Prozess ihrer Herstellung dem Planeten oder schadet er ihm?
- Recherchiere die Restaurants, in die du gehst, und die Lebensmittel, die du kaufst.
- Bedenke immer, wie sich dein Körper nach dem Verzehr der Lebensmittel, die du auswählst, fühlen wird.
- Vermeide es, unterwegs oder im Auto zu essen, wann immer es möglich ist. Mach das Essen zu einem Ereignis und setz dich an einen Tisch, um deine Mahlzeit zu genießen.
- Iss das Gemüse vor dem Rest der Mahlzeit.
- Verzehre jeden Tag mindestens ein grünes Gemüse.
- Halte einen Moment inne, wenn du hungrig bist, und überlege, welche Lebensmittel dich am meisten sättigen würden.
- Atme nach jedem Bissen ein und aus.
- Bereite mehr Mahlzeiten zu Hause zu.
- Sprich mit anderen über Tipps, die sie bei der Zubereitung gesunder Mahlzeiten anwenden.
- Vermeide es nach Möglichkeit, zu hungrig oder zu satt zu werden.
- Bereite gesunde Snacks für die Reise vor (Trockenfrüchte, Nüsse, Gemüse) und nimm sie mit.

- Trinke jeden Tag viel Wasser, um hydriert zu bleiben.

- Überlege, ob du aus Langeweile isst, z.B. indem du dich fragst: "Habe ich Hunger?"

- Vermeide es, beim Essen fernzusehen oder einen Film zu schauen.

- Lege dein Handy während der Mahlzeiten weg.

- Iss mit Familie und Freunden. Genieße das Erlebnis.

- Wenn du es übertreibst, ist das nicht das Ende der Welt. Versuche, dich nicht schuldig zu fühlen und versuche es stattdessen einfach noch einmal.

- Nutze deine Sinne, um das Aussehen, den Geruch, das Geräusch, das Gefühl und den Geschmack jedes Lebensmittels zu erleben, das du probierst.

- Koche und probiere neue Lebensmittel, die du noch nie gegessen hast (unser Gaumen braucht Abwechslung).

- Schätze die Lebensmittel, die du essen kannst (übe dich in Dankbarkeit).

- Schreibe in dein Ernährungstagebuch, welche Lebensmittel du innerhalb eines Tages, einer Woche oder eines Monats am liebsten gegessen hast. Schreibe auf, wie du dich dabei gefühlt hast.

- Lege deine Utensilien zwischen den Bissen ab. Nimm dir Zeit für die Mahlzeit.

- Finde heraus, bei welchen Lebensmitteln du dich am besten fühlst und bei welchen du dich krank oder müde fühlst.

- Mach dir bewusst, dass dein Essverhalten einzigartig ist. Finde Lebensmittel, die dich gesund und zufrieden stellen.

Hinweis: Die oben genannten Ideen zur Selbstfürsorge helfen dir, dein Gehirn und deinen Körper auf regelmäßige Achtsamkeitsmeditationen einzustellen. Im Anhang findest du kostenlose Audioguides zu Achtsamkeitsmeditationen. Nutze diese Audioanleitungen zusammen mit den oben genannten Selbstfürsorgepraktiken, wenn du dein "Jahr der Achtsamkeit" beginnst.

Die wichtigsten Erkenntnisse

Sich immer nur auf eine Aufgabe zu konzentrieren, kann für viele schwierig sein, aber das ist ein wichtiger Schritt beim achtsamen Essen. Wenn du in der Lage bist, langsamer zu werden, nachzudenken und klarere Entscheidungen in Bezug auf dein Essen zu treffen, kannst du dich darauf einstellen, was du wirklich brauchst, und schädliche Ablenkungen ausschalten.

- Triff achtsame Essensentscheidungen, indem du den Prozess der Zubereitung und des Verzehrs von Mahlzeiten verlangsamst. Nimm die gesamte Erfahrung des Essens auf.
- Wenn du entscheidest, wann und was du isst, solltest du dich fragen, ob du hungrig bist oder dich langweilst, ob eine andere Aktivität dich vom Essen ablenken könnte und ob die Lebensmittel, die du auswählst, deinen Körper mit Nährstoffen und Energie versorgen.
- Denke daran, gesunde Snacks und Mahlzeiten einzupacken, wenn du das Haus verlässt. Plane den ganzen Tag über Zeiten zum Essen ein, damit du nicht übermäßig hungrig wirst.

Da die Essensentscheidungen zu deinem Lebensstil passen müssen, solltest du einen Zeitplan aufstellen, der für dich praktisch ist. An hektischen Tagen oder wenn du gestresst bist, versuche, ein paar Mal tief durchzuatmen und daran zu denken, wie du dich in diesem Moment am besten fühlst. Höre auf diese innere Stimme, um dich auch in anderen Bereichen der Achtsamkeit zu leiten.

Das nächste Kapitel wird dir helfen, dich auf einen Aspekt des Lebens zu konzentrieren, mit dem viele unter Stress zu kämpfen haben. Das

Einschlafen ist eine Herausforderung, aber wenn wir lernen, unser Gehirn mit achtsamen Praktiken zu trainieren, um uns auf einen gesunden Schlaf vorzubereiten, sind wir auf dem richtigen Weg zur Erholung.

Kapitel 10:

Schlafen mit Frieden und Ziel

Konntest du, als du jünger warst, relativ leicht einschlafen? Hast du auf langen Autofahrten auf dem Rücksitz ein Nickerchen gemacht oder bist du in den Armen deiner Eltern im Restaurant eingeschlafen? Die Fähigkeit, leicht einzuschlafen, ändert sich mit zunehmendem Alter drastisch. Wir wissen zwar, dass Schlaf wichtig ist, aber wenn wir Teenager sind, erleben wir oft neue Formen des Schlafs. Die Schlafgewohnheiten, die wir uns in diesen Jahren aneignen, tun uns keinen Gefallen, wenn wir älter werden, und ebnen oft den Weg für schlechte Schlafgewohnheiten in unseren Zwanzigern und darüber hinaus.

Die Einführung einer Schlafenszeit-Routine in der Kindheit hilft den Menschen, diese Praxis ein Leben lang beizubehalten, denn sie ermöglicht die Entwicklung von richtigen Mustern für das Einschlafen, das Durchschlafen und das Wachbleiben während des Tages von frühester Kindheit an (Pacheco & Callender, 2021). Als Jugendliche und Erwachsene vergessen wir das jedoch und finden es vielleicht aufregend, länger aufzubleiben. Schließlich haben wir das Gefühl, dass wir produktiver sein können, weil wir mehr Aktivitäten erledigen, wenn wir unseren Schlaf einschränken, nicht wahr? Irgendwann holt uns der Schlafmangel jedoch ein und wir müssen unser Schlafverhalten verbessern, um gesund zu bleiben.

Gesunde Schlafgewohnheiten können das Arbeitsgedächtnis, die kognitiven Fähigkeiten, die Stimmung und die Aufmerksamkeit insgesamt beeinflussen. Es überrascht nicht, dass die Fähigkeit, Stress zu regulieren, mit positiven Schlafgewohnheiten zusammenhängt, aber wir verstehen vielleicht nicht, wie wir diese ändern können, wenn wir schon so lange schlechte Schlafgewohnheiten haben. Die Einführung von

Achtsamkeit kann unsere Sichtweise auf diesen Prozess verändern und uns zu einem besseren Schlaf verhelfen.

Warum schlafen?

Wir wissen, dass wir Schlaf brauchen, aber warum ist es für unseren Körper und unser Gehirn so wichtig, dass wir regelmäßig und regelmäßig schlafen? Nun, unser Körper und unser Geist sind viel klüger, als wir wissen. Hast du dich zum Beispiel schon mal auf dein Muskelgedächtnis verlassen, wenn du trainieren oder tanzen willst? Du wirst überrascht sein, wie sehr dein Körper und dein Gehirn miteinander verbunden sind und wie das Üben mit der Zeit unsere Fähigkeiten in fast allen Bereichen steigert. Das habe ich mir schon gedacht, als ich mich auf die Suche nach besserem Schlaf gemacht habe, aber ich hätte nicht gedacht, dass die Beruhigung von Körper und Geist während des Schlafs auch meine Lern- und Gedächtnisleistung verbessern würde.

Wenn wir unserem Körper regelmäßig Schlaf gönnen, hat das auch andere Vorteile für unseren Geist. Matthew Walker, der sich in der Öffentlichkeit stark für den Schlaf eingesetzt und ein wortgewaltiges Buch "Why We Sleep" (2018) geschrieben hat, teilte dies 2006 mit:

> Dieser "Offline"-Effekt kann zuvor verlorene Erinnerungen wiederherstellen oder zusätzliches Lernen bewirken, ohne dass weiteres Üben erforderlich ist. Mit anderen Worten: Die Verstärkungsphase der Gedächtniskonsolidierung ist ein aktiver Prozess und nicht nur ein einfacher Erhaltungsprozess; das Gehirn lernt weiter, auch wenn es aufgehört hat zu üben.

Bei der Diskussion über die kognitiven Funktionen des Gehirns haben wir bereits darüber gesprochen, dass das Gehirn im Schlaf nicht so viele Möglichkeiten hat, neue Informationen zu verarbeiten. Dieser Gedanke gilt nach wie vor, aber das schlafende Gehirn verrät uns viel über die Art und Weise, wie wir jeden Tag arbeiten und funktionieren. Ein Mangel an regelmäßigem Schlaf erhöht unser Risiko für Krankheiten und Störungen wie Herzkrankheiten und Demenz und wirkt sich außerdem auf die allgemeine Stimmung aus, sagt die Schlafexpertin des National Institute of Health, Dr. Marisha Brown (Wein, 2021).

Erholsame Nickerchen können zwar helfen, den Schlaf für kurze Zeit zu halten, aber ein ständiger Schlafmangel führt auf Dauer zu Problemen. Da unser Schlaf mit den Hormonen, dem Stoffwechsel und dem Immunsystem zusammenhängt, wird angenommen, dass ein durchschnittlicher Erwachsener innerhalb von vierundzwanzig Stunden mindestens sieben Stunden Schlaf braucht (Semeco, 2017). Wenn wir nicht so viel Schlaf bekommen, werden unsere kognitiven Funktionen beeinträchtigt, wovon wir uns nur schwer erholen können. Überlege mal, wann du das letzte Mal nicht gut geschlafen hast und wie du dich am nächsten Tag gefühlt hast. Dein geistiges Wohlbefinden könnte sich den ganzen Tag über negativer angefühlt haben als sonst, und vielleicht hast du auch mehr Fehler gemacht.

Wie du weißt, hilft dir dein Gedächtnis, bei der Arbeit, in sozialen Situationen und wenn du alleine bist, zu funktionieren. Wenn das Gedächtnis durch zu wenig Schlaf beeinträchtigt wird, kann der aktive Prozess des Abrufens von Informationen nicht so viele wichtige Verbindungen im Gehirn herstellen. Wenn wir zum Beispiel in unseren Zwanzigern über längere Zeiträume nicht schlafen, werden wir bei einfachen Aufgaben im Laufe des Tages vergesslicher. Wir vergessen vielleicht, den Müll rauszubringen oder einen Freund zurückzurufen - Dinge, die wie kleine Versehen erscheinen, aber das Vergessen vieler dieser kleinen Aufgaben summiert sich schnell. Das kann dazu führen, dass wir uns im Laufe des Tages etwas unbeherrscht fühlen, aber wir kommen vielleicht nicht auf die Idee, dass Schlafmangel und Vergesslichkeit miteinander zusammenhängen.

Wenn wir älter werden, verändert sich unsere innere Uhr und wir neigen dazu, aufgrund des zirkadianen Rhythmus unseres Körpers weniger Stunden Schlaf zu bekommen (Walker 2018). Das kann sich anstrengend anfühlen, aber es gibt Möglichkeiten, eine gute Nachtruhe zu bekommen, die sich nicht überwältigend anfühlen müssen. Mit achtsamen und beruhigenden Praktiken ist es möglich, den Körper so zu trainieren, dass eine positive Schlafroutine Vorrang hat.

Die Praxis des Ruhigwerdens

Obwohl du dir wahrscheinlich bewusst bist, wie wichtig Schlaf ist, fällt es dir vielleicht trotzdem schwer, regelmäßig zu schlafen, da dies einer der Bereiche im Leben ist, der schwankt. Tagsüber hast du viel zu tun und musst nachts mehr Zeit aufbringen, um Hausarbeiten oder die Arbeit zu erledigen. An den Wochenenden bleibst du länger auf, weil das vielleicht deine einzige Gelegenheit dazu ist. Vielleicht nimmst du dir sogar vor, abends früher ins Bett zu gehen, nur um dann stundenlang frustriert im Bett zu liegen, weil du nicht einschlafen kannst.

Es ist an der Zeit, den schlaflosen Nächten ein Ende zu setzen, indem du dir eine Routine der Ruhe vor, während und nach dem Schlaf angewöhnst. Es ist wichtig, dass du mit einem Arzt sprichst, wenn du das Gefühl hast, dass du alle Methoden ausprobiert hast, um schnell und fest einzuschlafen, denn vielleicht gibt es andere Probleme, die angegangen werden müssen. Mehr dazu findest du in den Bonusinhalten im Anhang.

Körperliche und geistige Aktivitäten einbeziehen

Jeden Tag ist es wichtig, Geist und Körper zu stimulieren. Bewegung ist nicht nur für unseren Körper wichtig, sondern bietet auch unserem Geist die Möglichkeit, an einer anstrengenden Aktivität teilzunehmen, die uns hilft, nachts zu schlafen. Die körperliche Aktivität deiner Wahl muss nicht anstrengend sein, solange sie dich auf neue und interessante Weise herausfordert. So kann zum Beispiel einfaches Dehnen vor dem Schlafengehen zu einem besseren Schlaf führen. Spazieren gehen, joggen, Gewichte heben oder Fahrrad fahren können Gelegenheiten sein, Energie zu verbrennen, die unser Körper speichert, so dass wir nachts müder werden. Versuche außerdem, nicht zu spät in der Nacht zu trainieren, da dies den Schlafzyklus und den zirkadianen Rhythmus des Körpers beeinträchtigt. Am besten ist es, sich morgens zu bewegen, um Geist und Körper für den Rest des Tages zu stimulieren. Du musst dich nicht zu etwas zwingen, das du nicht magst, aber versuche, einen wöchentlichen Trainingsplan mit den Aktivitäten zu erstellen, die du absolvieren wirst, damit deine körperliche Energie freigesetzt wird.

Neben der körperlichen Übung, Energie freizusetzen, muss unser Geist oft auch geistig gefordert werden, um sich nachts müde zu fühlen. Wenn du ein Spiel spielst, das Strategie erfordert, dich mit anderen unterhältst, neue Informationen liest oder ein Kunstwerk herstellst, verbrennt der Geist Energie und fühlt sich, als hätte er ein Gehirntraining absolviert. Angenommen, du bist den ganzen Tag über mit Aufgaben beschäftigt und herausgefordert - dann fühlst du dich am Ende eines jeden Tages vielleicht schon erschöpft. In diesem Fall brauchst du nicht noch mehr zu tun. Andernfalls solltest du dir überlegen, ob du während des Tages nicht auch Aktivitäten einplanst, die dein Gehirn anregen, damit es sich bei Bedarf ausruhen kann.

Komfort finden

Genau wie Kinder brauchen auch Erwachsene eine gemütliche, bequeme Atmosphäre und Gegenstände, die den Schlaf fördern. Wenn du schon einmal eine Nacht an einem Ort verbracht hast, an dem du dich unwohl gefühlt hast, weißt du, wie schwierig es sein kann, zu schlafen. Das Ziel des Schlafkomforts ist es, die physische Umgebung und die ästhetische Atmosphäre so angenehm wie möglich zu gestalten, damit du zur Ruhe kommst und schlafen kannst. Mach dein Bett zu einem Ort der Entspannung, ja, lass sogar dein ganzes Schlafzimmer zu einem solchen Ort werden. Manche finden es hilfreich, Fernseher und elektronische Geräte außerhalb des Schlafzimmers zu lassen, damit es zu einem Ort wird, an dem nur Schlaf und Intimität herrschen. Du könntest dies in Betracht ziehen, wenn du nach Möglichkeiten suchst, deine Schlafgewohnheiten mental und physisch zu verbessern.

Wenn sich unser Schlafzimmer weich, sicher und angenehm anfühlt, wird unser Verstand die Verbindung herstellen, dass dies ein Ort der Entspannung ist. Nach kurzer Zeit wirst du vielleicht sogar gähnen oder dich schläfriger fühlen, wenn du dein Schlafzimmer betrittst, weil dieser Ort einen bestimmten Zweck erfüllt.

Weg mit der Elektronik

Wie bereits erwähnt, tun uns elektronische Geräte in der Regel keinen Gefallen, wenn wir unseren Geist auf den Schlaf trainieren wollen. Stelle mindestens eine Stunde vor dem Schlafengehen einen Timer auf deinem Handy ein, um dich daran zu erinnern, dass du in den "Schlafmodus" wechseln musst. Diese Idee ist zwar nicht revolutionär, aber sie erinnert dich jeden Abend daran, dem Schlaf Priorität einzuräumen, damit dein Gehirn ihn auch als solche wahrnimmt. Selbst am Wochenende kannst du dein Handy oder deinen Laptop beiseite legen, wenn du dich in der Stunde vor dem Schlafengehen zur Ruhe setzt, und du wirst merken, wie sehr sich dadurch deine Fähigkeit einzuschlafen verändert. Auch Lesen oder Schreiben vor dem Schlafengehen kann dir ein Gefühl der Ruhe vermitteln und ist daher eine gute Alternative zum Telefonieren.

Essen und Trinken einschränken

Ich weiß, ich weiß. Das hört sich nicht nach Spaß an, oder? Aber wenn wir die Menge an Koffein, Alkohol und Essen, die wir vor dem Schlafengehen zu uns nehmen, einschränken, können wir eine Nacht mit erholsamem Schlaf erleben. Wenn du in der Vergangenheit auf Alkohol als Einschlafhilfe zurückgegriffen hast, weißt du, dass das vielleicht kurzzeitig funktioniert hat, aber du bist wahrscheinlich nicht lange eingeschlafen und hast keinen erholsamen Schlaf gehabt.

Koffein am Nachmittag gibt dir zwar Energie für den Rest des Arbeitstages, aber es kann deine Fähigkeit beeinträchtigen, vor dem Schlafengehen einzuschlafen. Wenn du deinen Koffeinkonsum am Nachmittag einschränkst oder ganz darauf verzichtest, kannst du besser schlafen. Matthew Walker erzählt in seinen Interviews oft, dass die viertel Lebenszeit von Koffein 12 Stunden beträgt, d.h. etwa 12 Stunden nach dem Konsum einer Tasse Kaffee befindet sich noch ein Viertel der Koffeinmenge in deinem Körper (Walker 2018).

Und schließlich kann das Essen oder Überessen kurz vor dem Schlafengehen auch die nötige Ruhe beeinträchtigen. Symptome von Verdauungsstörungen und Sodbrennen können dazu führen, dass du wach bleibst und dich krank fühlst, während du versuchst, einzuschlafen.

Am besten isst du einige Stunden vor dem Schlafengehen zu Ende, damit dich Verdauungsprobleme nicht wachhalten.

Achtsame Ideen für besseren Schlaf

Wenn du überlegst, welche achtsamen Schritte dir beim Einschlafen helfen können, solltest du Strategien ausprobieren, die dir helfen, dich zu entspannen und dich vor dem Schlafengehen nicht zu überreizen. Die folgenden Ideen sind eine Liste von Möglichkeiten, aber höre auf deinen Körper und dein Gehirn, wenn sie dir sagen, dass du langsamer werden und dich entspannen sollst. Eine geruhsame Nacht kann sich erholsam und therapeutisch anfühlen, also arbeite daran, eine beruhigende Routine zu schaffen, die deine Bedürfnisse an erster Stelle stellt, wenn es um Schlaf geht.

- Schlafe regelmäßig. Geh jeden Abend um dieselbe Zeit ins Bett und wach jeden Morgen um dieselbe Zeit auf, auch an Tagen, an denen du nicht früh aus dem Haus musst. Das hilft dir, eine Routine zu entwickeln.

- Entferne elektronische Geräte nachts aus dem Schlafzimmer.

- Iss etwa drei Stunden vor dem Schlafengehen zu Ende.

- Vermeide Alkohol und versuche, mindestens drei Stunden vor dem Schlafengehen nichts mehr zu essen. Beides kann zu unregelmäßigem und gestörtem Schlaf führen.

- Vermeide Koffein, einschließlich Schokolade, spät am Tag. Koffein und Zucker sind beides Stimulanzien für den Geist und können daher zu Schlafstörungen oder -problemen führen.

- Meditiere vor dem Schlafengehen. Im Anhang findest du eine kostenlose, geführte Übung.

- Nimm vor dem Schlafengehen ein Bad oder eine Dusche.
- Höre nachts leise, langsame Musik.
- Dehne dich vor dem Schlafengehen ein paar Minuten lang sanft.
- Lies ein Kapitel eines Buches, bevor du versuchst, einzuschlafen.
- Schreibe vor dem Schlafengehen ein Tagebuch über deinen Tag, um dein System zu beruhigen und die Ereignisse zu reflektieren.
- Schalte dein Handy in den Schlafmodus, damit du keine SMS, Anrufe oder E-Mails bekommst, während du schläfst.
- Verwende mindestens eine Stunde vor dem Schlafengehen weiches und schwaches Licht.
- Halte Haustiere von deinem Bett fern, wenn du versuchst zu schlafen.
- Vermeide Nickerchen nach 14.00 Uhr.
- Erzwinge den Schlaf nicht. Wenn du vor dem Schlafengehen unruhig bist, geh ein paar Minuten spazieren oder schreibe deine Gedanken auf, um dich zu beruhigen.
- Vermeide es, im Bett auf die Uhr zu schauen.
- Baue Bewegung in deinen Tag ein, aber treibe nicht zu kurz vor dem Schlafengehen Sport, da dies den Entspannungsprozess vor dem Schlafengehen stören kann.
- Zieh dir vor dem Schlafengehen kuschelige, weiche Kleidung an, um eine gemütliche Stimmung zu schaffen.
- Zünde eine Duftkerze an (aber schlafe nicht ein, wenn die Kerze noch brennt) oder verwende Aromatherapie, um den Schlaf zu fördern.

- Finde die richtige Schlafposition für dich. Untersuche, ob du auf dem Rücken, der Seite oder dem Bauch schläfst. In welcher Position kannst du dich am besten entspannen?

- Setze dich morgens ausreichend der Sonne oder hellem Licht aus. Das kann helfen, wenn es an der Zeit ist, vor dem Schlafengehen auf schwaches Licht umzustellen.

- Übe vor dem Schlafengehen Entspannungstechniken wie tiefe Atmung oder progressive Muskelentspannung, um deinen Geist und Körper in einen Zustand der Ruhe zu versetzen.

- Visualisiere deine Lieblingsurlaubsorte oder beruhigende Orte, während du versuchst, einzuschlafen.

- Erforsche und praktiziere einige Yogastellungen, die einen besseren Schlaf fördern.

- Wenn du im Bett liegst, versuche, alle deine Muskeln für einen Moment anzuspannen und dann zu entspannen, um deinen Körper zu beruhigen.

- Trage einen bequemen Pyjama im Bett.

- Versuche es mit einer beschwerten Decke, um dich im Schlaf geschützt und sicher zu fühlen.

- Wechsle deine Matratze oder dein Bettzeug, wenn du das Gefühl hast, dass sie nicht bequem genug für einen guten Schlaf sind.

Hinweis: Die oben genannten Ideen zur Selbstfürsorge helfen dir, dein Gehirn und deinen Körper auf regelmäßige Achtsamkeitsmeditationen einzustellen. Im Anhang findest du kostenlose Audioguides zu Achtsamkeitsmeditationen. Nutze diese Audioanleitungen zusammen mit den oben genannten Selbstfürsorgepraktiken, wenn du dein "Jahr der Achtsamkeit" beginnst.

Die wichtigsten Erkenntnisse

Wenn wir älter werden, prägen die Gewohnheiten, die wir uns in den ersten Lebensjahren angewöhnt haben, auch unser Erwachsenenleben, wenn wir uns nicht die Zeit nehmen, neue Muster zu entwickeln. Die Schlafgewohnheiten, mit denen wir jetzt beginnen, können frühere Gewohnheiten ändern und dafür sorgen, dass wir besser schlafen, was sich positiv auf Gedächtnis und Gesundheit auswirkt.

- Eine tägliche Schlafenszeit-Routine gibt unserem Körper und unserem Geist ein Muster, dem wir folgen können, damit wir gut schlafen können.

- Ein unregelmäßiger Schlafrhythmus kann zu einem höheren Risiko für Krankheiten und Beschwerden führen.

- Schlafmangel kann die Gedächtnisfunktionen des Gehirns beeinträchtigen, z. B. das Abrufen oder Behalten von Informationen.

- Indem du dich bewusst mit kreativen Aktivitäten beschäftigst, eine angenehme Umgebung für den Schlaf gestaltest, elektronische Geräte einschränkst und die Menge an Essen und Trinken vor dem Schlafengehen reduzierst, kann sich das Gehirn richtig auf den Schlaf vorbereiten.

Da du nun weitere Ideen für achtsame Praktiken während deines Tages und deiner Nacht hast, ist es an der Zeit, einen Punkt anzusprechen, der viele zu einem Leben in Achtsamkeit bewegt. Die Behandlungsmöglichkeiten für Schmerzen sind vielfältig und es kann frustrierend sein, wenn die Optionen nicht so schnell wirken, wie wir es gerne hätten. Im folgenden Kapitel stellen wir einige Verbindungen zu den achtsamen Ideen her, die du jetzt kennst, und setzen sie in die Praxis um, wenn es darum geht, körperliche Schmerzen zu bewältigen.

Kapitel 11:

Schmerzmanagement und Entspannung für den Körper

Die Herausforderungen, mit denen wir täglich konfrontiert sind, können mentale Hürden darstellen, aber wir können unsere Fähigkeit, sie zu bewältigen, verbessern, indem wir Achtsamkeitstechniken anwenden. Aber was passiert, wenn unsere Schmerzen körperlicher Natur sind und sich nur schwer abschütteln lassen? Was ist, wenn wir uns an Ärzte, Chirurgen und Medikamente gewandt haben, der Schmerz aber chronisch und unerbittlich ist?

Viele leben täglich mit körperlichen Schmerzen, die unbehandelbar scheinen und erheblichen emotionalen Stress verursachen. Wenn du derzeit unter chronischen körperlichen Schmerzen leidest, weißt du, welche Auswirkungen das auf dein Leben haben kann. Wenn du das nicht regelmäßig erlebst, nimm dir einen Moment Zeit, um dich an das letzte Mal zu erinnern, als du dir einen Muskel gezerrt hast, und stell dir dann vor, dass dieser Schmerz dich über Jahre oder sogar Jahrzehnte begleitet.

Oft führen chronische Schmerzen auch zu schädlichen psychischen Folgen wie Depressionen, Ängsten, eingeschränkter Mobilität oder Isolation (Reid et al., 2015). Die Informationen in diesem Kapitel sollen zwar nicht den medizinischen Rat eines Arztes ersetzen, aber sie geben dir die Hoffnung, dass es möglich ist, Schmerzen durch achtsame Heilpraktiken zu lindern und zu bewältigen.

Die Wahrheit über Schmerz

"Kein Schmerz, kein Gewinn." "Schmerz ist Schönheit." In unserer Kultur wird Schmerz häufig mit etwas Positivem in Verbindung gebracht, das uns zu einem erfüllenden Ergebnis führt. Aber viele von uns werden mit dem Verständnis erzogen, dass wir, um wichtig, stark oder wertvoll zu sein, unsere Kämpfe verschweigen müssen. In Wirklichkeit hat nur ein sehr geringer Prozentsatz der Menschen Erfolg mit dieser Lebensweise.

Chronische Schmerzen stellen in jedem Alter eine Herausforderung dar, aber bestimmte Bevölkerungsgruppen sind davon stärker betroffen als andere - ältere Menschen, Frauen, Menschen mit Traumata und Menschen mit niedrigem wirtschaftlichem Status (Reid et al., 2015). Auch wenn die Erfahrungen mit Schmerzen bei jedem Menschen anders sind, weiß jeder, der sich um eine Schmerzbehandlung oder -linderung bemüht, wie es sich anfühlt, fast täglich entmutigende Rückschläge zu erleben. Es wird schwierig, das Leben so zu erleben wie andere, und widersprüchliche Gefühle wie Eifersucht oder Ressentiments gegenüber Menschen, die keine Schmerzen haben, können sich einstellen.

Wie du in den vorherigen Kapiteln gelernt hast, haben Gehirn und Körper eine starke Verbindung. Wenn sich negative Selbstgespräche aufgrund von Schmerzen festsetzen, ist es schwierig, uns von diesen Gefühlen abzulenken. "Die Nozizeption ist die physiologische Verarbeitung schädlicher Informationen, die irgendwann zur bewussten Schmerzerfahrung werden" (Grant & Zeidan, 2019). Mit der Zeit ist es fast unmöglich, diese gespeicherte Negativität ohne Hilfe von außen loszulassen, um Spannungen abzubauen. Genau hier kann Achtsamkeit Erleichterung und Unterstützung bieten.

Durch die Einbeziehung von Achtsamkeitsübungen kann das Gehirn selbst bei chronischen Schmerzen Verbindungen zu positiven Erfahrungen finden. Forscher/innen haben herausgefunden, dass Schmerzen reduziert werden können, wenn Menschen positive Erwartungen an eine Erfahrung haben (Atlas et al., 2022). Wenn du zum Beispiel erwartest, dass du Schmerzen hast, wenn du auf den Boden fällst, glaubst du wahrscheinlich, dass du danach mehr Schmerzen hast, als wenn du den Sturz nicht mit dieser Vorstellung angegangen wärst. Das Gehirn verändert sich und passt sich den Umständen an, und die Vorstellung, dass es sich durch positive oder negative Einflüsse verändert, hat Forscher/innen zu einigen interessanten Schlussfolgerungen über die Empfänglichkeit des Gehirns für Achtsamkeitsübungen veranlasst.

Achtsamkeit und neurologische Störungen

Während das Gehirn uns oft sagt, dass wir um jeden Preis weiterarbeiten sollen, ist es wichtig zu wissen, dass diese Philosophie für die meisten Menschen kontraproduktiv ist, besonders für diejenigen, die unter einer neurologischen Störung leiden. Die Fähigkeit, den Geist durch Entspannungsübungen zu beruhigen, die Achtsamkeit schaffen, hilft, die Aufmerksamkeit des Gehirns im gegenwärtigen Moment zu stärken, was dazu führen kann, dass sich Schmerzen oder Symptome neurologischer Störungen auflösen.

Studien über die Auswirkungen von Achtsamkeit auf Menschen mit neurologischen Erkrankungen haben gezeigt, dass Achtsamkeitspraktiken die Lebensqualität eines Menschen verbessern können, da das Gehirn wie ein Muskel gestärkt werden kann (Grant & Zeidan, 2019). Wenn eine Person ihren Geist auf Praktiken wie Yoga, Meditation oder Tai Chi fokussiert, nähren sie das Gehirn und ermöglichen ihm, sich auf eine Fähigkeit zu konzentrieren und es von Schmerzen und Negativem abzulenken. Teilnehmer/innen, die an Kopfschmerzen, Epilepsie, neurodegenerativen Erkrankungen, funktionellen neurologischen Störungen, Schlaganfällen oder Bewegungsstörungen leiden, und sogar Betreuer/innen von Menschen mit neurologischen Störungen haben durch achtsame und meditative Techniken Linderung erfahren (Kraemer et al., 2022). Das Ergebnis dieser Studien beruht auf der Idee, dass die mit neurologischen Störungen verbundenen Symptome reduziert werden können, um das allgemeine Wohlbefinden zu verbessern. Es ist noch mehr Forschung nötig, um die Vorteile von Achtsamkeitspraktiken zu verstehen und zu verbreiten, aber diese Ergebnisse geben allen, die unter neurologischen Störungen leiden, die dringend benötigte Hoffnung.

Ich freue mich auch, über meine jüngste Forschungsarbeit zu berichten, in der Achtsamkeit als Behandlungsmethode für eine neurologische Störung namens visuelles Schneesyndrom eingesetzt wird, eine Erkrankung, die auf eine Dysregulation der Gehirnnetzwerke zurückzuführen ist. Unsere Studie hat gezeigt, dass ein achtwöchiges intensives Achtsamkeitstraining zu Veränderungen in den Gehirnnetzwerken führen kann, die sich in der funktionellen Magnetresonanztomographie (fMRT) zeigen, und zu einer Verbesserung der Erkrankung (Wong et al. 2024). Diese Studie ist auch ein vielversprechender Beweis dafür, dass Achtsamkeitsinterventionen durch die Veränderung von Gehirnnetzwerken zu einer Verbesserung neurologischer Erkrankungen führen können.

Hoffnung für die Schmerzbehandlung

Bei chronischen Schmerzen ist das Leben eines Menschen oft auf Eis gelegt. Einfache Aufgaben oder Aktivitäten, die man früher gerne gemacht hat, sind nicht mehr möglich und verursachen psychischen Stress und Angst. Weil wir aber wissen, dass das Gehirn ein leistungsfähiges Organ ist, können wir jetzt anfangen zu verstehen, wie wir durch Akzeptanz und Engagement die Kontrolle zurückgewinnen können, die wir einst hatten.

Eine der besten Möglichkeiten, chronische Schmerzen zu lindern, ist, sich über die Art der Schmerzen zu informieren, die du hast. Lass dich von medizinischen Fachkräften beraten und lies über die Erfahrungen anderer Menschen mit ähnlichen Symptomen. Höchstwahrscheinlich gibt es eine Gemeinschaft von Menschen, die mit den gleichen oder ähnlichen Schmerzen zu kämpfen haben. Finde Unterstützung von diesen Menschen und erkenne, dass du mit deinem Kampf nicht allein bist. Sprich mit Ärzten über Möglichkeiten der Schmerzlinderung und bleibe geduldig, während du die Möglichkeiten für dich selbst testest.

Wenn ein Arzt eine Physiotherapie empfiehlt, solltest du die Übungen, zu denen du aufgefordert wirst, konsequent durchführen. Einer der schnellsten Wege, während der Genesung oder bei chronischen Schmerzen rückfällig zu werden, ist, die von Fachleuten empfohlenen Übungen zu ignorieren. Während du dir Zeit für deine Genesung nimmst, ist es wichtig, die Muskeln in der Nähe der Schmerzpunkte zu trainieren, damit diese nicht verkümmern, während du darauf wartest, dass die Schmerzen nachlassen. Da der Genesungsprozess langsam verlaufen kann, solltest du dich in dieser Zeit mit kleinen Zielen motivieren und deine Erfolge feiern, egal wie trivial sie erscheinen.

Neben der Arbeit mit Fachkräften des Gesundheitswesens kann es auch hilfreich sein, Selbstmanagementtechniken durch Atem- und Körperarbeit zu erforschen. Jill Miller ist eine Yogalehrerin und Faszienexpertin, die ich sehr bewundere und von der ich im Laufe der Jahre lernen durfte. Sie ist die Autorin von zwei Büchern, die ich regelmäßig empfehle: *Body by Breath* (Miller, 2023) und *The Roll Model* (Miller, 2014), in denen sie Übungen vorstellt, die Schmerzen lindern können.

Körperscans zur Schmerzbehandlung

In Kapitel 4 habe ich meine Bewunderung für Jon Kabat-Zinn erwähnt und wie er Achtsamkeit erstmals in den medizinischen Kontext gebracht hat. Er hat das Programm zur achtsamkeitsbasierten Stressreduzierung entwickelt, das vielen Menschen geholfen hat, chronische Schmerzen zu überwinden (Kabat-Zinn, 2013). Einer der Bestandteile dieses Programms ist eine Bodyscan-Praxis.

Die Teilnahme an Body-Scanning-Praktiken erfordert bei Menschen, die unter Schmerzen leiden, ein gewisses Maß an Aufgeschlossenheit. Wie du vielleicht von Yoga- und Meditationsübungen weißt, kann es eine Herausforderung sein, sich auf die tiefe Atmung zu konzentrieren und die Gedanken des Gehirns aus einem objektiven Blickwinkel zu betrachten. Beim Body Scanning wird eine Person, die unter Schmerzen leidet, aufgefordert, eine ähnliche Übung zu machen, sich aber auf Teile des Körpers zu konzentrieren, um Druck und Unbehagen zu lindern.

Der Body Scan ist eine Achtsamkeitsübung, bei der die Person Teile ihres Körpers heranzoomt und dabei Offenheit, Neugier und Entspannung an den Tag legt, während sie ihren Schmerz erforscht. Die Technik wird in der Regel von einer anderen Person angeleitet, die die Person bittet, die Augen zu schließen und sich darauf zu konzentrieren, tief und achtsam ein- und auszuatmen. Nach einigen Minuten leitet der Moderator die Person an, ihre Aufmerksamkeit auf einen bestimmten Körperbereich zu richten. Wenn die Gedanken abschweifen, werden die Teilnehmer/innen sanft ermutigt, ihre Aufmerksamkeit wieder auf den Körper zu lenken. Nach einigen Minuten der Erkundung kann die Person ihre Augen wieder öffnen und wahrnehmen, wie sie sich fühlt. Ein zusätzlicher Vorteil dieser Art von Body Scanning ist, dass laut neurowissenschaftlicher Forschung die wiederholte Konzentration auf den Körper und die Atmung dazu beiträgt, neue Bahnen im Gehirn zu schaffen, die unsere innere Stärke und Widerstandsfähigkeit stärken (Sevinc et al. 2018).

Schmerz-Wiederaufbereitungstherapie

Zusätzlich zu den Körperscans erfuhren etwa 98 Prozent der Personen, die mit der Pain Reprocessing Therapy experimentierten, Linderung von chronischen Rückenschmerzen (Ashar et al., 2021). Mit dieser Methode wurden die Betroffenen nach nur vier Wochen Behandlung frei oder fast frei von Schmerzen. Bei der Schmerzverarbeitungstherapie lernen die Teilnehmer/innen, was ihr Gehirn und ihr Körper erleben, wenn sie Schmerzen empfinden, so dass sie ihre Wahrnehmung des Schmerzes verändern und ihre Angst vor dem Schmerz verringern können. Betrachte diese Methode als eine Art "Geist-über-Materie"-Denkprozess. Wenn ein Patient mehr über seinen Schmerz erfährt, nimmt dieses Wissen ihm die Macht über seine Angst vor dem Schmerz und gibt ihm die Kontrolle über sein Leben zurück.

Achtsame Ideen zur Unterstützung der Schmerzbewältigung

Auch wenn sich die Schmerzbewältigung wie ein lebenslanger Prozess anfühlt, sollten wir uns daran erinnern, dass wir jedes Mal, wenn wir an einer Aktivität teilnehmen, die sich therapeutisch und entspannend für unseren Körper anfühlt, auch unseren Geist entspannen. Nutze die folgenden Ideen, um deine Schmerzen zu lindern und gleichzeitig etwas für deine geistige Gesundheit zu tun. Wenn du eine Aktivität gefunden hast, die dir Spaß macht, kann es dir helfen, immer wieder zu einem Ort des Wohlbefindens zurückzukehren.

- Übe tiefe Atemübungen, um den Körper zu entspannen.
- Versuche tägliches Dehnen oder Yoga.
- Führe eine Body-Scan-Meditation durch. Konzentriere dich auf die Stellen, an denen der Schmerz auftritt. Stell dir vor, wie sich der Schmerz aus dem Körper herausbewegt. Im Anhang findest du mein kostenloses Bonus-Körperscanning.
- Versuche es mit Akupressur oder Akupunktur bei einer lizenzierten Fachkraft.
- Reibe deinen Nacken, deine Schläfen, deine Brust oder deine Füße mit ätherischen Ölen ein, um dich zu entspannen (Lavendel, Rosmarin, Pfefferminze und Eukalyptus sind gut zur Schmerzlinderung geeignet).
- Nimm ein warmes Bad. Nimm ein 15-minütiges Bad in Wasser, das zwischen 90 und 100 Grad Fahrenheit (32-37 Grad Celcius) warm ist.
- Wenn du unter chronischen Kopfschmerzen oder Migräne

leidest, kannst du versuchen, kalte Gelpackungen auf dein Gesicht zu legen.

- Kräftige die Muskeln, die die schmerzenden Bereiche umgeben.

- Massiere alle schmerzhaften Stellen selbst (wunde Füße, Beine, Handgelenke, Kiefer- oder Nackenmuskeln).

- Übe Qi Gong oder Tai Chi zur Schmerzlinderung. Beide konzentrieren sich auf langsame Körperbewegungen, um die Konzentration zu verbessern und Schmerzen zu lindern.

- Sprich mit einem Therapeuten über deine Schmerzen. Eine kognitive Verhaltenstherapie (KVT) kann helfen, chronische Schmerzen zu lindern, da ein Therapeut dabei helfen kann, die Perspektive auf den Schmerz zu verändern.

- Versuche es mit einer Weichteiltherapie. Sprich mit deinem Arzt über diese Methode zur Behandlung verschiedener Arten von Schmerzen.

- Wende die progressive Muskelentspannung an, eine Technik, bei der du nacheinander verschiedene Muskelgruppen anspannst und wieder entspannst, was nachweislich Stress abbaut und die Entspannung fördert.

- Verwende beruhigende hypoallergene Lotionen, um die Muskeln zu entspannen.

- Vermeide Reizüberflutung, indem du häufige Pausen von elektronischen Geräten machst.

- Nimm dir Zeit für dich selbst. Sieh dich um und nimm deine Umgebung, die Umgebungsgeräusche und deine Gefühle wahr.

- Lenke dich mit einem neuen Hobby oder einer Aktivität ab.

- Erfahre mehr über deine speziellen Schmerzen. Viele Krankenhäuser bieten Kurse oder Workshops über verschiedene chronische Schmerzen an.

- Sprich mit deinen Familienmitgliedern, damit sie über deine Schmerzen Bescheid wissen. Teile ihnen deine Bedürfnisse mit und sage ihnen, wie du dich fühlst, wenn du eine schmerzhafte Episode erlebst.

- Vermeide Müdigkeit aufgrund von chronischen Schmerzen. Versuche, ein Nickerchen zu machen oder dich auszuruhen, bevor du dich erschöpft fühlst.

- Trinke Wasser, um hydriert zu bleiben.

- Versuche es mit einer kalten Kompresse, die du im Gefrierschrank aufbewahren kannst. Diese Idee ist besonders hilfreich, um Kopfschmerzen zu lindern.

- Trinke einen beruhigenden Kräutertee wie Kamille.

- Geh jeden Tag an die frische Luft (geh nach draußen!).

- Schließe Freundschaften mit anderen chronisch Schmerzkranken oder besuche eine Selbsthilfegruppe zur Schmerzbewältigung.

- Bleibe proaktiv mit deinen Schmerzen. Warte nicht, bis die Schmerzen unerträglich sind, um Hilfe zu suchen.

- Bleib positiv und hoffnungsvoll, dass dein Schmerz nachlässt oder aufhört.

Hinweis: Die oben genannten Ideen zur Selbstfürsorge helfen dir, dein Gehirn und deinen Körper auf regelmäßige Achtsamkeitsmeditationen einzustellen. Im Anhang findest du kostenlose Audioguides zu Achtsamkeitsmeditationen. Nutze diese Audioanleitungen zusammen mit den oben genannten Selbstfürsorgepraktiken, wenn du dein "Jahr der Achtsamkeit" beginnst.

Die wichtigsten Erkenntnisse

Wenn eine Person sich endlich ihrer Angst vor Schmerzen stellen kann oder versteht, welche Art von Schmerz sie erlebt, verliert der Schmerz seine Macht über die Person. In diesem Sinne solltest du wissen, dass es für jede Art von Schmerz - ob körperlich oder seelisch - Unterstützung gibt, also suche lieber früher als später Hilfe und Behandlung.

- Körperlicher Schmerz und emotionaler Schmerz gehen oft Hand in Hand. Die Bewältigung eines körperlichen Traumas, egal ob kurz- oder langfristig, ist für unsere psychische Gesundheit sehr belastend.

- Muskelverspannungen, Ängste und Depressionen können die Folge von körperlichen Schmerzen sein, da chronische Schmerzen in Körper und Geist nachwirken.

- Achtsamkeit verschafft chronischen Schmerzpatienten Erleichterung und führt durch die Unterstützung und Entspannung des Körpers zu einem verbesserten Lebensstil.

- Ärztinnen und Ärzte können Auskunft darüber geben, welche Schmerzlinderungstechniken und Achtsamkeitspraktiken für die verschiedenen Formen von Schmerzen am besten geeignet sind.

- Geführte Methoden wie Body Scanning oder Pain Reprocessing Therapy helfen Schmerzpatienten, ihre Schmerzen zu erkennen und daran zu arbeiten, sie zu reduzieren oder zu beseitigen.

- Achtsame Praktiken können Menschen mit neurologischen Störungen Erleichterung verschaffen

Da die Schmerzerfahrung bei jedem Menschen anders ist, ist es wichtig zu prüfen und zu erforschen, was für dich und deine eigenen Bedürfnisse richtig sein könnte. Wenn wir uns weiterhin um unsere Selbstfürsorge kümmern, solltest du daran denken, dass jeder Fortschritt Beständigkeit und Ausdauer erfordert - zwei Eigenschaften, die du gerade lernst zu beherrschen.

Kapitel 12:

Sportliche Achtsamkeit

Auch wenn du dich selbst nicht für sportlich hältst, stell dir vor, dass du ein fortgeschrittener Schwimmer bist, der am Rande einer Bahn steht und gegen andere Schwimmer antreten will. Du riechst das Chlor und schaust nach vorne zum Ende der Bahn, wo du schnell schwimmen musst. *Ich schaffe das!* Schließlich weißt du ja, was du tust. Du hast jahrelang dafür trainiert, dich in diesem Moment sicher zu fühlen. Nichts kann dich von dieser Erfahrung abhalten - bis du dich umschaust.

Alle Augen sind auf dich gerichtet.

Du siehst deine Freunde und Familienmitglieder hinter dir, und obwohl sie dich anfeuern, bist du nervös. *Was ist, wenn ich ein schlechtes Rennen habe? Werde ich alle im Stich lassen? Warum sind sie alle hier, um mir zuzusehen? Wer bin ich? Es gibt doch sicher viele andere Schwimmer, denen sie lieber zusehen würden als mir?* Und schon versinkst du in negativen Gedanken und zweifelst an deinem eigenen Wert und Können.

Wir alle kennen das gefürchtete Imposter-Syndrom, auch wenn wir keine Olympioniken sind. Wir hören diese Stimme in unserem Kopf, die uns davon abhalten will, uns für den Top-Job zu bewerben, jemanden um ein Date zu bitten oder mit Selbstvertrauen durch den Pool zu schwimmen. Das ist zwar kein einzigartiges Gefühl, aber vielleicht fällt dir im Laufe deines Tages auf, dass andere scheinbar alles im Griff haben, ohne Anzeichen eines solchen Rückschlags zu verspüren. Aber du musst dich fragen, ob sie *wirklich* nie Angst verspüren oder ob sie einfach über Mittel verfügen, um mit Gefühlen der Unsicherheit umzugehen.

Stell dir vor, du hättest diese Werkzeuge auch. Während Athleten daran arbeiten, Hindernisse zu überwinden, indem sie trainieren, körperlich und geistig ihr Bestes zu geben, kann diese Technik auf jeden angewendet werden, der etwas erreichen will. Athleten auf der ganzen Welt leisten harte körperliche Arbeit, aber was viele Athleten nicht ausreichend erwähnen, ist die Rolle, die ihre Einstellung in ihrer täglichen Routine spielt. Egal, ob du ein begeisterter Sportler bist oder die Motivation eines solchen haben möchtest, in diesem Kapitel erfährst du, wie du dein Gehirn neu verdrahten und dich öffnen kannst, um Selbstvertrauen zu gewinnen und an Gelegenheiten teilzunehmen, vor denen du früher vielleicht zurückgeschreckt bist.

Der Geist eines Sportlers

Erinnerst du dich an das erste Mal, als du versucht hast, zu kochen, zu tanzen, Wäsche zusammenzulegen oder auf einer Tastatur zu tippen? Es ist wahrscheinlich, dass du diese Aufgaben nicht sofort hervorragend beherrscht hast und dass es einige Zeit gedauert hat, bis du den Dreh raus hattest. Auch wenn du dich nicht an den Prozess erinnerst, den es braucht, um Wissen und Muskelgedächtnis zu erlangen, bezieht sich dein Gehirn automatisch auf deine frühere Erfahrung mit der Fähigkeit, Aktivitäten auszuführen, wenn du sie ausprobierst. "Aufgrund der Neuroplastizität verfeinert unser Gehirn jedes Mal, wenn eine Fertigkeit ausgeführt wird, diesen motorischen Pfad... Wenn ein schlechtes Bewegungsmuster wiederholt ausgeführt wird, benötigt die Technik mehr Übung und Zeit, um sie zu verbessern" (Dobbs, 2018). Das merkst du, wenn du für eine Sportart trainierst oder im Fitnessstudio trainierst, aber nicht das Gefühl hast, dass du mit der Zeit Fortschritte machst. Hier kommen oft Trainer und Trainerinnen ins Spiel, denn sie bringen uns die richtigen Techniken und Geheimtipps bei, um uns zu verbessern.

Da der Prozess des Erlernens und Übens einer Fertigkeit uns allen vertraut ist, nicht nur Sportlern, wollen wir darüber sprechen, wie Motivation und Achtsamkeit beim sportlichen Training des Gehirns eine Rolle spielen. Ja, um ein Sportler zu sein, braucht man harte Arbeit und Hingabe, aber es ist eine der wichtigsten Fähigkeiten, die man entwickeln muss, um fokussiert und leistungsbereit zu bleiben. Und wie kann ein Sportler seine Konzentration und seinen Eifer aufbauen? Nun, selbst die härtesten Athleten nutzen oft mentale Achtsamkeit, um Gedanken und

Spannungen vor, während und nach einer Leistung loszulassen.

Die falsche Vorstellung von sportlicher Achtsamkeit

Die öffentliche Wahrnehmung von sportlicher Ausdauer mag zwar immer noch so sein, dass Athleten in jeder Hinsicht stark sind und nicht gestresst werden, weil sie so lange hart trainiert haben, aber das ist einfach nicht wahr. Mach dir klar, dass auch ein Sportler einmal ein kleines Kind war, das wie wir alle Schwächen hatte und sich in einer Welt zurechtfinden musste, die sich oft schwerfällig und beängstigend anfühlt. Wie andere Menschen auch, erleben Athleten einen wandernden Geist, Stress und Niederlagen, vor allem, wenn sie ihr Handwerk über einen längeren Zeitraum ausgeübt haben. Sie stellen ihre eigene Stärke und Ausdauer in Frage und haben sowohl gute als auch schlechte Tage.

Was ist also der Unterschied zwischen einer Person, die ihre Gefühle nicht unter Kontrolle hat und ständig unter Stress steht, und einem Sportler, der sich in seiner Wohlfühlzone wohlfühlt? Zunächst einmal wird Athleten oft beigebracht, wie sie ihren Geist in den gegenwärtigen Moment zurückbringen und engagiert bleiben können, anstatt sich auf Fehler zu konzentrieren, die passiert sind oder passieren könnten. Für trainierte Athleten ist die Fähigkeit, zu verarbeiten, was im Moment passiert, und Stress oder Anspannung loszulassen, eine geübte Fähigkeit, die zu meistern oft Jahre dauert.

Auch Nicht-Sportler können diese Fähigkeit erlernen, damit sie sich in Zeiten der Nervosität oder sogar in Krisenzeiten neu konzentrieren können. Ähnlich wie bei sportlichen Rückschlägen erleben wir alle Momente, in denen wir uns wünschen, wir könnten unsere Angst überwinden und Selbstvertrauen ausstrahlen oder zumindest gelassen wirken. Was den Unterschied ausmacht, wenn es darum geht, gelassen und ruhig zu bleiben, ist die Vorbereitung, die wir zwischen den entscheidenden Sekunden unserer Leistung treffen.

Überleg mal: Wenn du den ganzen Tag auf der Couch sitzen, fernsehen und Pizza und Eis essen würdest, würdest du dann ein Weltklasse-Fußballer werden? Wahrscheinlich sagst du dir: "Nein". Aber lass mich stattdessen diese Frage stellen: Wenn du nach einem Arzttermin, bei dem Bluthochdruck diagnostiziert wurde, zu spät zur Arbeit kämst, dein Handy fallen ließest und es zerbrach, während du Limonade über deinen Schreibtisch schüttetest, so dass deine Tastatur Funken schlug und dein Laptop ruiniert wurde, würdest du dich dann immer noch bereit fühlen, eine tolle Präsentation vor deiner ganzen Firma zu halten? Dieser Fall mag zwar extrem sein, aber er ist ein Beispiel dafür, wie oft wir uns in Situationen begeben, ohne uns zu beruhigen und uns mental darauf vorzubereiten, was auch immer auf uns zukommt.

Der Schlüssel zum Gefühl der Motivation liegt für Sportlerinnen und Sportler in vier Schritten, die ihnen dabei helfen, sich zwischen den Spielen oder sogar während eines Spiels neu zu orientieren. Zu diesen Schritten gehören Deaktivierung, Bestätigung, Neuorientierung und Reaktivierung (Ivey et al., 2015).

- **Deaktivierung:** Diese achtsame Pause bittet den Sportler, sich ein paar Sekunden Zeit zu nehmen, um alle negativen Gedanken oder Sorgen loszulassen, die mit seiner aktuellen Leistung verbunden sind. Der Sportler kann sich vorstellen, dass seine defätistische Haltung wegfliegt oder wie ein Insekt zerquetscht wird, solange das Gefühl seinen Körper verlässt.

- **Bekräftigung:** Nach der Deaktivierung erinnern sich die Sportler/innen an Worte oder Sätze, die ihnen ein positives und starkes Gefühl geben. Etwas Einfaches wie "Ich kann das" oder "Ich bin stark" zu sagen, kann einer Person helfen, sich an die positive Einstellung zu erinnern, die sie haben will und braucht.

- **Neuausrichtung:** Dieses Konzept gibt dem Athleten/der Athletin die Kontrolle zurück, indem er/sie sich vorstellt, wie das positive Ergebnis aussehen wird und darauf vertraut, dass es Wirklichkeit wird.

- **Reaktivierung:** In diesem Schritt wird der Sportler aufgefordert, sich wieder auf das Spiel oder die Leistung zu konzentrieren, damit der nächste Teil der Ausführung der Fähigkeiten stattfinden kann.

Achtsamkeitstechniken bieten Sportlern wertvolle Werkzeuge für die körperliche und geistige Erholung. Eine dieser Techniken ist der Body-Scan, bei dem Sportler/innen ihre Aufmerksamkeit systematisch auf verschiedene Körperteile lenken, Verspannungen wahrnehmen und sie lösen. Diese Übung fördert die Entspannung und hilft bei der Erholung ermüdeter Muskeln.

Wenn du Achtsamkeit in dein Training einbeziehst, kannst du die Vorteile der körperlichen Aktivität noch steigern. Achtsames Training bedeutet, dass du während des Trainings genau auf deine Körperempfindungen, Bewegungen und Atemmuster achtest und so eine tiefere Verbindung zwischen Geist und Körper herstellst.

Atemtechniken sind auch eine großartige Ergänzung für sportliche Routinen. Sie können die Konzentration und die Erholung von Sportlern deutlich verbessern. Durch achtsame Atemübungen können Sportlerinnen und Sportler ihr Nervensystem regulieren, Stress abbauen und die Sauerstoffaufnahme verbessern, wodurch sie ihre Leistung optimieren und sich schneller erholen können.

Indem sie diese Techniken in ihr Trainingsprogramm integrieren, können Athleten nicht nur ihre körperliche Erholung beschleunigen, sondern auch ihre mentale Widerstandsfähigkeit kultivieren, so dass sie ihr Bestes geben und gleichzeitig ihr allgemeines Wohlbefinden erhalten können.

Visualisierung für Athleten

Wenn wir Meditation mit einem Spiel vergleichen, ist sie fast so wie das Spiel, das wir als Kinder oft spielen. Lass dich von diesem Gedanken trösten, wenn du dir all die Szenarien ausdenkst, die dir Trost spenden und Stress abbauen können. Als Kind waren dem Erfinden von Geschichten keine Grenzen gesetzt, wenn du mit deinen Freunden das Spiel gespielt hast. Du konntest ein Ritter sein, der gegen einen bösen

Drachen kämpft, oder ein Angestellter in einer Eisdiele, die jede erdenkliche Geschmacksrichtung anbietet. Erlaube deinem erwachsenen Verstand, genauso zu funktionieren, wenn du dir deinen Erfolg vorstellst. Der Himmel ist die Grenze - nichts hält dich zurück!

Da wir erkannt haben, welche Macht die Vorstellungskraft und hypothetische Ergebnisse für den Einzelnen haben können, insbesondere für Sportler, können wir nun einige der besten Visualisierungstechniken zur Steigerung des Bewusstseins und zur Verbesserung der Leistung besprechen. Das Konzept, eine positive Leistung zu visualisieren, kann sich genauso stark auf das Gehirn auswirken wie Meditation, Körperwahrnehmung und achtsames Atmen und ist daher ein weiterer Bereich, den Sportlerinnen und Sportler nicht übersehen sollten.

Für den Perfektionisten in uns allen bietet die Visualisierung ein Ventil für echte Ergebnisse. Wenn du dir vorstellst, wie sich ein Szenario in deinem Kopf abspielt, kannst du es im echten Leben besser bewältigen. Das Visualisieren von Ergebnissen kann uns auch helfen, unser Gedächtnis zu verbessern, da wir die gleichen positiven Szenarien immer wieder durchspielen. Um ein Ergebnis zu visualisieren, das du dir wünschst, suche dir zunächst einen ruhigen Ort und setze dich aufrecht in einen bequemen Stuhl. Atme langsam und bewusst ein und aus, um deinen Geist zu beruhigen, und stelle dir die Details des Szenarios vor, das du dir vorstellen möchtest. Das soll dich nicht nur motivieren, wenn du die Situation durchspielst, sondern auch eine Übung für das große Ereignis sein. Stell dir vor, wie sich die Szene am "Spieltag" abspielen wird und versuche, dir jede Minute des Auftritts vorzustellen. Konzentriere dich darauf, aufmerksam zu bleiben und jeglichen Stress abzubauen, um dich auf den wirklichen Tag vorzubereiten. Viele Athletinnen und Athleten stellen fest, dass die Visualisierung vor dem Wettkampf den Druck, der auf ihnen lastet, verringern kann, da sie bereits mit dem Ablauf vertraut sind (Straw, 2023).

Achtsame Ideen für körperliche Leistung

In jedem leistungsbezogenen Szenario wirst du unter Druck stehen, eine Aktivität mit Perfektion abzuschließen, aber versuche, diesen Gedanken loszulassen, während du deine Werkzeuge sammelst, um dein Bestes zu geben. Ein Vorteil der Achtsamkeitsübungen ist, dass du dich nicht mehr so sehr unter Druck setzen musst, weil du dich auf alles vorbereitet fühlst, was auf dich zukommt. Die folgenden Ideen können Sportler/innen dabei helfen, Fortschritte zu machen.

- Atme achtsam (übe dies vor und während einer Aktivität).

- Führe Körperscans durch, um dich zu entspannen. Schließe deine Augen und konzentriere dich auf jeden Teil deines Körpers und entspanne dich von den Zehen bis zum Kopf.

- Visualisiere deinen Erfolg als Sportler vor jeder Leistung - suche dir einen ruhigen Ort, schließe die Augen, stelle dir die Details eines Spiels oder Ereignisses vor und visualisiere deinen Erfolg und die mit dem Ereignis verbundenen Emotionen.

- Schreibe täglich ein Tagebuch! Schreibe über deine Hoffnungen, Ängste und Erfolge als Sportler/in.

- Denke daran, dich zu dehnen (vor und nach jedem Auftritt).

- Nimm an einer ergänzenden körperlichen Aktivität teil, die deine Hauptsportart oder -aktivität unterstützt und verbessert. Beispiele dafür sind Yoga, Ballett, Walking, Kickboxen oder Gewichte heben.

- Erstelle eine Liste mit den drei wichtigsten Zielen (in dieser Reihenfolge), die du in diesem Jahr sportlich erreichen möchtest.

- Denke an eine positive Affirmation für dich und sprich sie jeden Tag laut aus.

- Lerne, Misserfolge hinter dir zu lassen (betrachte sie als Lernchance). Sprich nach jedem Fehler laut Vergebung aus.

- Nimm an Aktivitäten teil, die geistige Konzentration erfordern und fördern, wie Lesen, Schreiben oder Malen.

- Zeichne deine Leistung auf und beobachte sie. Das kann für manche schwierig sein, aber es ist einen Versuch wert, um sich zu verbessern. Nutze dies als Lernmittel für dein Training.

- Trenne dich (schaffe Grenzen!) von Sportlern oder Personen, die sich negativ über ihre Leistung oder die Leistung anderer äußern.

- Setze dir zu Beginn jeder Übung eine persönliche Absicht. Was möchtest du lernen oder erreichen?

- Ruhe dich konsequent und regelmäßig aus.

- Erstelle einen Trainingskalender und hänge ihn an einer gut sichtbaren Stelle auf, damit du dich selbst für dein Training verantwortlich machen kannst.

- Nimm eine warme Dusche oder ein Bad, um Verspannungen und Stress von den Übungen abzubauen.

- Versuche es mit einer kalten Dusche, um deinen Körper zu beleben und deine Atmung während des gesamten Prozesses zu kontrollieren.

- Höre Musik, die dich inspiriert oder motiviert.

- Schau dir einen Lieblingsclip eines Sportlers an, den du bewunderst.

- Schaffe dir eine Trainingsgewohnheit. Auch wenn du nur kurz zum Training kommst, konzentriere dich darauf, "dabei zu sein".

- Wenn etwas nicht funktioniert, aktualisiere oder ändere deinen Praxisplan. Bleib offen und anpassungsfähig.

- Iss genug gesunde Lebensmittel, um dich für deine Leistung richtig zu ernähren.

- Trinke jeden Tag etwa 11-15 Tassen (91-125 Unzen) Wasser, um deinen Körper und deinen Geist zu hydrieren (Eby, 2023).

- Gähne oder lache vor einem Auftritt, um die Nerven zu beruhigen.

- Erstelle ein Dankbarkeitstagebuch über deinen Körper (Beispiel: "Ich bin dankbar für meine Beine, weil sie mir das Gehen und Laufen ermöglichen", "Ich bin dankbar für meine Augen, weil sie mich das Ziel sehen lassen").

- Suche dir einen Trainer oder Freund, der dein Selbstvertrauen während des Trainings oder an Leistungstagen positiv beeinflussen kann.

- Nimm bei Mannschaftssportarten an Workshops oder Treffen teil, die die Kameradschaft mit den Teamkameraden fördern können.

- Erstelle eine Liste der intrinsischen Belohnungen, die du durch das Spielen dieser Sportart oder die Teilnahme an der Aktivität erhältst.

- Zeige Mitgefühl und Freundlichkeit, während du etwas leistest (gegenüber anderen und dir selbst).

- Übe die Progressive Muskelentspannung (PMR). Konzentriere dich langsam darauf, einen Muskel 8-10 Sekunden lang anzuspannen und ihn dann zu entspannen. Das hilft, Verspannungen im ganzen Körper zu lösen, auch wenn du keine Muskelschmerzen hast (Toussaint et al., 2021).

- Fühle deine Gefühle! Du musst deinen Geist nicht davon abhalten, bestimmte Emotionen zu erleben, auch nicht bei

Spielen und Auftritten. Mit der Zeit und meditativer Übung kannst du deine Gefühle einfach fühlen und weitergehen.

Hinweis: Die oben genannten Ideen zur Selbstfürsorge helfen dir, dein Gehirn und deinen Körper auf regelmäßige Achtsamkeitsmeditationen einzustellen. Im Anhang findest du kostenlose Audioguides zu Achtsamkeitsmeditationen. Nutze diese Audioanleitungen zusammen mit den oben genannten Selbstfürsorgepraktiken, wenn du dein "Jahr der Achtsamkeit" beginnst.

Die wichtigsten Erkenntnisse

Sportlichkeit erfordert zwar Kraft und Können, aber vieles davon kommt von innen. Auch wenn du das Gefühl hast, dass deine sportlichen Tage vorbei sind, muss dein sportlicher Geist nicht aufhören. Die ständige geistige Vorbereitung sollte genauso Teil der Trainingsroutine sein wie der Sport.

- Das Gehirn versucht, frühere Informationen abzurufen, um Aufgaben zu erfüllen. Deshalb ist der Aufbau des Muskelgedächtnisses genauso wichtig wie das Krafttraining für den Körper.

- Athleten erleben Rückschläge und haben Schwachstellen, aber sie arbeiten oft daran, Herausforderungen zu überwinden, indem sie ihren Geist vor, während und nach einer Leistung auf Positivität trainieren.

- Vier Praktiken können dabei helfen, Sportlerinnen und Sportler wieder in einen Zustand des Bewusstseins und der Konzentration zu bringen: Deaktivierung, Reaffirmation, Refokussierung und Reaktivierung.

- Visualisierungstechniken können für Sportlerinnen und Sportler eine gute Ergänzung zur achtsamen Atemmeditation und zum Körperscanning sein.

Endlich sind wir an einem Punkt angelangt, an dem wir einige der gelernten Achtsamkeitstechniken anwenden können, um unsere Praxis auf eine neue Ebene zu heben. Es kann eine Herausforderung sein, Wege zu finden, um sowohl Eltern zu sein als auch in Würde zu altern, aber mit den Ideen, die du gesammelt hast, kannst du die Praktiken anwenden, die am besten zu deinem Leben und deinen Bedürfnissen passen.

Kapitel 13:

Achtsam erziehen

Es ist wieder ein strahlender, sonniger Tag und du bist dabei, dein Kind von der Grundschule abzuholen. Als du dein Auto auf den Parkplatz lenkst, atmest du tief durch und dir wird klar, dass dies das letzte Mal sein wird, dass du für den Rest deines Tages allein bist. Du genießt diesen Moment der Ruhe. *Aber das ist schon okay*, denkst du, während du deinem Kind zuwinkst, das zum Auto geht und einsteigt. Als du es begrüßt, lässt es dich wissen, dass es einen anstrengenden Tag hatte, aber dass er toll war und es froh ist, dass es sich jetzt entspannen kann. Auf der Heimfahrt genießt ihr beide die gemeinsame Zeit und den Raum zum Durchatmen, während ihr in aller Ruhe über eure Tage redet. Ihr seid beide in diesem Moment präsent und könnt eure Gefühle achtsam teilen.

Wenn du ein Elternteil bist, klingt das wie ein typischer Tag für dich? Obwohl Elternschaft ein wunderbares Unterfangen sein kann, ist dieses hypothetische Szenario im Vergleich zu dem, was du normalerweise erlebst, vermutlich unrealistisch. Unabhängig vom Alter deines Kindes hast du wahrscheinlich jeden Tag mit ihm zu tun und am Ende deines Tages hast du wahrscheinlich das Gefühl, mehr erlebt zu haben, als du morgens beim Aufwachen gedacht hast.

Entspannt und achtsam zu erziehen, muss gar nicht so weit hergeholt sein, denn die bereits besprochenen Achtsamkeitstechniken können uns helfen, angemessener auf alles zu reagieren, was das Leben uns vor die Füße wirft. Elternschaft ist etwas, das man bewundern sollte. Es ist aber auch ein harter Job. Vielleicht hast du das selbst schon einmal erlebt und während einer Interaktion mit deinem Kind die Fassung verloren. Das ist zwar nichts, wofür du dich schämen musst, aber du solltest wissen, dass es achtsame Methoden gibt, mit denen du alles meistern kannst, was das Leben dir in den Weg stellt.

Achtsame Stadien

Achtsame Erziehung besteht darin, innezuhalten und über die Entscheidungen und Reaktionen nachzudenken, die du in Situationen mit deinem Kind triffst - etwas, das nur wenige von uns tun, wenn unsere Tage voll sind. Es ist schwer, präsent zu bleiben, wenn wir mit Mahlzeiten, Autofahrten, Hausaufgaben, Windeln oder schwierigen Gesprächen mit den Kindern jonglieren müssen. Das erfordert, dass wir uns bewusst sind, was gerade passiert, damit wir keine Gelegenheiten verpassen oder uns aufregen, wenn etwas nicht so läuft, wie wir wollen.

Du hast jetzt einige Werkzeuge kennengelernt, die dir helfen, achtsam zu bleiben. In diesem Abschnitt lernst du, wie du diese Methoden in dein Leben als Elternteil übertragen kannst. Eltern zu sein ist ein wichtiger Job, also kannst du dich nicht nur auf das konzentrieren, was für dich richtig ist, sondern auch darauf, was für dein Kind notwendig und hilfreich ist. Es ist nie zu früh, um Achtsamkeit zu üben oder einem Kind beizubringen, wie es den ganzen Tag über achtsam sein kann. Überlege beim Lesen, wie du als Elternteil mit Hilfe dieser wirkungsvollen Methoden Achtsamkeit erreichen kannst.

Achtsamkeit für Kleinkinder

Einer der schwierigsten Aspekte der Elternschaft ist wohl die Kommunikation. Wenn wir uns um Kleinkinder kümmern, kann die Tatsache, dass sie nicht mit uns sprechen können, um ihre Gefühle oder Schmerzen zu beschreiben, für uns und für sie frustrierend sein. Es liegt an uns, anhand der Körpersprache, der Schreie und des Gesichtsausdrucks zu entschlüsseln, was ein Kind braucht. Wenn wir uns in Achtsamkeit üben, können wir die Fähigkeit entwickeln, unsere Beziehungen zu anderen zu verstehen, selbst zu Säuglingen.

Eine wichtige Aktivität für die kindliche Entwicklung sind die "wechselseitigen Interaktionen, die Kinder mit fürsorglichen Erwachsenen haben. [Wenn wir unsere Fähigkeit ausbauen, im Moment ganz bewusst zu sein, können wir zu aufmerksamen Detektiven werden, die entdecken, was uns ein Säugling oder Kleinkind offenbart" (Gehl &

Bohlander, 2018). Das gilt für Erwachsene und Kinder gleichermaßen, denn die Erwachsenen können etwas über ihre Rolle als Betreuungsperson lernen und sich auf sich selbst einstimmen.

Deine Achtsamkeit bei der Erziehung von Kleinkindern hilft euch beiden, Achtsamkeit zu entwickeln. Dein Kind wird lernen, welche Reaktionen du ihm gibst, ob positiv oder negativ, und mit achtsamen Übungen kannst du lernen, angemessen zu reagieren, ohne Gewalt anzuwenden, zu schreien oder in chaotischen Momenten frustriert zu sein. Stell dich darauf ein, dass du dich mit deinem Kind etwas langsamer bewegen kannst, denn nicht jede Fütterung oder jedes Bad muss überstürzt werden. Wenn du diesen Prozess verlangsamst, werden deine Kinder lernen, dass sie auch dann ruhig und achtsam bleiben können, wenn sie anfangen, ihre Aufgaben selbst zu erledigen.

Achtsamkeit für Kinder

Wenn Kinder alt genug sind, um in die Schule zu gehen, lernen sie immer noch, effektiv zu kommunizieren und bauen dafür ihren Wortschatz auf. Wenn sich Freundschaften bilden, kann es zu mehr Ablenkungen kommen, aber Achtsamkeit ist hier umso wichtiger, da die Kinder mehr Möglichkeiten haben, ihre Unabhängigkeit von dir auszuüben. Sobald ein Kind klarer mit seinen Eltern kommunizieren kann, ist es an der Zeit, darüber zu sprechen, wie Achtsamkeit ihm in der Schule und im Leben helfen kann.

Sprich mit deinem Kind über Atemstrategien, langsames Zählen oder Meditationstechniken, die ihm helfen könnten, sich zu beruhigen. Auch wenn es diese nicht in der Schule ausprobieren möchte, kann es sie zu Hause üben, um die Kontrolle über die Gefühle zu erlangen, die es im Laufe des Tages erlebt hat. Wenn du die großen Gefühle benennst, die dein Kind erlebt hat, hilft dir das auch dabei, eine Verbindung zu dem herzustellen, was es im Laufe des Tages erlebt, wenn du nicht da bist. Wenn du über Szenarien sprichst, die dein Kind bereits erlebt hat oder möglicherweise erleben könnte, kann es sich effektive Strategien zur Selbstregulierung und Empathie vorstellen.

Achtsamkeit für Erwachsene

Auch als Erwachsene versuchen wir ständig, die richtigen Worte zu finden, um anderen zu sagen, wie wir uns fühlen. Wenn ein Kind erwachsen wird, sammelt es Erfahrungen, die ihm helfen, mit bestimmten Situationen umzugehen, aber manche Erwachsene greifen immer noch zu Wutausbrüchen wie ein Kleinkind, wenn etwas nicht so läuft, wie sie wollen. Wenn sie jedoch in der Vergangenheit Achtsamkeit gelernt haben, können sie Techniken anwenden, die sich auf Achtsamkeit, Freundlichkeit und Positivität konzentrieren.

Wenn wir erwachsen sind, haben viele von uns herausgefunden, wie man auf einer grundlegenden Ebene kommuniziert, aber viele von uns wissen immer noch nicht, wie man zuhört. Innezuhalten und anderen aktiv zuzuhören, auch wenn sie etwas sagen, was wir nicht hören wollen, erfordert Reife und Geduld. Wenn wir in der Lage sind, aufmerksamer zuzuhören, lernen wir oft mehr, werden neugieriger und entwickeln ein besseres Verständnis für uns selbst.

Wenn wir als Eltern unsere Kinder dazu ermutigen, gut zu kommunizieren und zuzuhören, kann dies die Entscheidungsfähigkeit im späteren Leben unterstützen und das allgemeine psychische Wohlbefinden fördern. Wenn wir diese Ideen unseren Kindern nahebringen, können wir offene Beziehungen schaffen (Marie, 2022). Das trägt auch zu deinem Seelenfrieden als Elternteil bei, denn du weißt, dass die achtsamen Praktiken, die du deinem Kind beigebracht hast, auch weiterhin Methoden sind, auf die es zurückgreifen kann, wenn es gestresst oder ängstlich ist.

Realistische Erziehungsstandards setzen

Viele Eltern erleben mit ihren Kindern Auseinandersetzungen, auf die sie nicht stolz sind. Es ist wichtig zu wissen, dass du damit nicht allein bist - es ist nicht leicht, Eltern zu sein, und es gibt keinen Leitfaden, wie man die "besten" Eltern sein kann (denn so etwas gibt es nicht!). Elternschaft ist für jeden eine unglaublich einzigartige Erfahrung. Wichtiger als die "perfekten" Eltern zu sein, ist es vielleicht, zu verstehen, wie du die Momente, in denen du nicht dein Bestes gibst, akzeptieren, aus ihnen lernen, an ihnen wachsen und dich weiterentwickeln kannst, um ein Elternteil zu sein, auf das du stolz sein kannst.

Wenn du dein Kind beim Spielen oder bei der Erledigung alltäglicher Aufgaben beobachtest, kannst du erkennen, welche Achtsamkeitspraktiken am besten zu ihm passen, aber es ist auch wichtig, Achtsamkeit auf natürliche Weise geschehen zu lassen, anstatt zu versuchen, die Teilnahme zu erzwingen.

Realistische Ziele für Kinder zu setzen und diese Ideen klar und deutlich mit dem Kind zu kommunizieren, sobald es dich verstehen kann, ist eine der einfachsten Möglichkeiten, um schon heute Achtsamkeit zu praktizieren. Beim Essen könnt ihr zum Beispiel achtsam essen, indem ihr abwechselnd die Farben, die Beschaffenheit und den Geschmack eures Essens beschreibt, ohne zu urteilen. Ihr könnt euch auch im achtsamen Zuhören üben, indem ihr still zusammensitzt und euch auf die Geräusche um euch herum konzentriert, wie z.B. das Zwitschern der Vögel oder vorbeifahrende Autos. Mit diesen Übungen kannst du deinen Kindern beibringen, im Moment präsent zu sein, ihre Emotionen zu kontrollieren und ein größeres Gefühl der Ruhe und Achtsamkeit zu entwickeln.

Wenn du Kinder langsam an achtsame Praktiken wie geführte Meditation, Körperscanning und tiefe Atemübungen heranführst, kann das auch dazu beitragen, den Geist eines Kindes zu beruhigen und ihm eine neue Perspektive zu geben, bevor es seinen Tag fortsetzt. Auch Kinder mögen eine gleichbleibende Routine, auch wenn sie das nicht gerne zugeben. Wenn du also vor dem Mittagsschlaf oder vor dem Zubettgehen eine Zeit zum Meditieren oder einfach zum Atmen und Entspannen einplanst, können sie ihren Geist beruhigen.

In jedem Alter werden Kinder versuchen, ihre Grenzen auszutesten und ihre Unabhängigkeit zu behaupten, also versuche, flexibel zu bleiben, wenn du mit ihnen an achtsamen Praktiken arbeitest. Teile deine Ideen mit ihnen, aber passe sie bei Bedarf an, wenn dein Kind wächst. Du musst ihnen nicht jedes Detail der Vorteile von Achtsamkeitspraktiken erklären; halte die Technik einfach und spaßig, damit sie ihnen Spaß macht. Denke daran, dass dein Vorbild eines der einflussreichsten

Erziehungsinstrumente ist. Wenn du also einen wertschätzenden Umgang mit Achtsamkeit an den Tag legst, kann das der beste Weg sein, um ein Kind für achtsame Handlungen zu begeistern.

Die Bedürfnisse eines Elternteils

Jeder, der auch nur einen einzigen Tag mit einem Kind verbracht hat, kann verstehen, wie wichtig es ist, Zeit für sich selbst zu reservieren. Da die psychische Gesundheit mit der körperlichen zusammenhängt, ist es wichtig, dass du dich auch um deine Bedürfnisse kümmerst. Wenn du in deinem Leben schon einmal mit Stress konfrontiert warst, weißt du, dass sich Spannungen aufstauen und sich auf negative Weise entladen, wenn wir keine Möglichkeiten zum Stressabbau schaffen. Da ein müder und ängstlicher Elternteil im Umgang mit seinem Kind wahrscheinlich nicht sein Bestes gibt, solltest du dir Zeit nehmen, um zu meditieren, draußen spazieren zu gehen, ein Buch zu lesen oder deine Gedanken aufzuschreiben, um dich von dem Druck zu befreien, dem du als Elternteil ausgesetzt bist.

Pausen machen

Wie bereits erwähnt, ist das Vorleben von achtsamem Verhalten für dein Kind eine der besten Möglichkeiten, ihm zu zeigen, dass du dich selbst respektierst und liebst. Wenn du einen Abend mit deinen Freunden oder deinem Partner planst, während sich dein Kind mit einem Babysitter oder einem Familienmitglied vergnügt, zeigt das deinem Kind, dass du genauso wie es Zeit für soziale Aktivitäten brauchst.

Lass dein Kind sehen, wie du dein Handy weglegst und bewusst Pausen von elektronischen Geräten einlegst, damit es auch weiß, dass die Zeit, die du mit ihm verbringst, wichtig ist. Kinder merken mehr, als wir denken, und wenn sie sehen, dass ein Elternteil ständig auf sein Handy starrt, suchen sie vielleicht auf jede erdenkliche Weise nach Aufmerksamkeit, auch mit negativen Mitteln. Mache Pausen, um mit deinem Kind zu tanzen, zu singen und zu spielen. Sie werden sich an die Gefühle erinnern, die sie während dieser Erlebnisse mit dir hatten, wenn sie älter werden, auch wenn sie sich nicht an jede eurer gemeinsamen Aktivitäten erinnern können.

In einer Studie, in der die emotionale Intelligenz und die Auswirkungen der Gerätenutzung durch Eltern und ihre Kinder im Alter von fünf bis zwölf Jahren gemessen wurden, fanden die Forscher heraus, dass Eltern, die das Handy häufiger vor ihren Kindern benutzten, Kinder mit einer niedrigeren emotionalen Intelligenz hatten (2023):

> Die elterliche Telefonnutzung wird mit einem ausdruckslosen Gesichtsausdruck in Verbindung gebracht, der oft als Depression interpretiert wird, was die Entwicklung der emotionalen Fähigkeiten eines Kindes weiter beeinträchtigen kann. Die Schlussfolgerung daraus ist, dass Eltern mehr darauf achten sollten, wie oft sie ihr Handy in der Nähe ihrer Kinder benutzen... Wo ihre Augen sind, vermittelt ihren Kindern eine Botschaft darüber, was wichtig ist. (Hamm)

Die wichtigsten Erkenntnisse

Jetzt, wo du über einige der beruhigenden Achtsamkeitspraktiken nachdenken kannst, die du für dich herausgefunden hast, überlege, wie du Achtsamkeit in die Zeit mit deinem Kind einbauen kannst. Selbst wenn du nur dein eigenes achtsames Verhalten vorlebst, wird dein Kind das sehen und von deiner Fähigkeit lernen, sich selbst zu regulieren, zuzuhören und für sich und andere zu sorgen.

- Die Einführung von Achtsamkeitstechniken kann Kindern helfen, Strategien zu entwickeln, die sie ihr Leben lang anwenden können.

- Achtsame Techniken können Kindern in jedem Alter dabei helfen, Kommunikationsfähigkeiten und Empathie für andere zu entwickeln.

- Eltern können ihren Kindern helfen, achtsame Atemtechniken und/oder Meditation in ihren Tag einzubauen und ihnen die Bedeutung solcher Praktiken vorleben.

- Realistische Ziele für die Kinder zu setzen und sich auf jede Planänderung einzustellen, hilft, den Ton für eine achtsame Erziehung zu setzen.

- Wenn du dir als Elternteil Zeit für deine Selbstfürsorge nimmst, kannst du deinen Geist beruhigen und Pausen einlegen.

Zum Schluss werden wir untersuchen, was es bedeutet, Achtsamkeit im Alter zu praktizieren. Es ist nie zu spät oder zu früh, mit der Achtsamkeitspraxis zu beginnen, aber es sollte eine fortlaufende Praxis sein, damit du die vielen Vorteile der Stressreduzierung genießen kannst.

Kapitel 14:

Achtsamkeit in jedem Alter

Es ist überall. Wenn du in ein Geschäft gehst, wirst du wahrscheinlich von wunderschönen Models auf Plakaten und Anzeigen überschwemmt, die dir zeigen, was du kaufen kannst, um jünger auszusehen, Gewicht zu verlieren oder dich wie ein Prominenter zu kleiden. Es ist schwer zu vermeiden, dass wir uns nicht attraktiv genug fühlen, wenn wir in einer Kultur leben, die Schönheit schätzt und das Altern fürchtet. Auch wenn Veränderungen des Aussehens mit zunehmendem Alter unvermeidlich sind, kann eine achtsame Lebenseinstellung dazu beitragen, dass wir uns bis ins hohe Alter ausgeglichen und selbstbewusst fühlen.

Der Geist eines Kindes

Wir wissen, dass Kinder beeinflussbar sind und jeden Tag Ideen und Lektionen aufnehmen, aber überraschenderweise hat die Vermittlung von Achtsamkeit an Kinder erst kürzlich an Popularität in den Schulsystemen gewonnen. Während Schulen und Gemeindegruppen beginnen, den vorteilhaften Auswirkungen von Yoga, Meditation, Selbstberuhigungsstrategien und Tiefatmungstechniken für Kinder mehr Aufmerksamkeit zu schenken, scheinen die Ergebnisse solcher Praktiken auch jungen Kindern zu helfen, zu verstehen, dass es Wege gibt, sich ihrer Gefühle bewusst zu werden, ohne auf verbale oder körperliche Gewalt zurückzugreifen. "Die bisherigen Forschungsergebnisse deuten darauf hin, dass sich die Selbstregulierung durch Achtsamkeitstraining im Kindesalter verbessern kann. Insbesondere Studien zum Achtsamkeitstraining mit Kindern und Jugendlichen im Schulalter haben Verbesserungen bei Lehrer- und

Elternindizes zur Selbstregulierung dokumentiert" (Zelazo & Lyons, 2011).

Jetzt, wo dir die positiven Auswirkungen der Achtsamkeit bewusster geworden sind, überlege, wie diese Praktiken dir geholfen hätten, wenn du sie in deiner Kindheit gelernt hättest. Wenn du Kindern Achtsamkeitspraktiken beibringst, kann dir das beim Selbstmanagement im Erwachsenenalter helfen. Die Praxis der Achtsamkeit wird in der Gesellschaft nicht annähernd so hoch geschätzt, wie sie sein sollte. "Ein Achtsamkeitstraining kann die reflexive Aufarbeitung üben ... und gleichzeitig Einflüsse minimieren, die die präfrontale Rindenfunktion beeinträchtigen (z. B. Cortisol/Stress) und Einflüsse maximieren, die diese Funktion fördern (z. B. Dopamin/ansprechende Emotionen wie Glück und Neugier)" (Zelazo & Lyons, 2011). Für ein Kind bedeutet das, dass achtsame Praktiken bei der Entwicklung von Entscheidungsfähigkeit, Problemlösung und Kreativität helfen können.

Altern mit Anmut

Mit zunehmendem Alter wird es manchmal schwieriger, ein neues Hobby anzufangen oder sich für etwas zu interessieren, das wir noch nie zuvor ausprobiert haben, aber Achtsamkeitspraktiken lassen sich leicht in einen Zeitplan einbauen und können an fast jedem Ort des Tages praktiziert werden. Denke daran, dass es nie zu spät ist, mit einer Achtsamkeitspraxis zu beginnen und dass das Gehirn sehr davon profitiert, immer wieder neue Ideen zu lernen. "Es gibt Hinweise darauf, dass Meditation, Gebet und andere religiöse und spirituelle Praktiken erhebliche Auswirkungen auf das alternde Gehirn haben können - positive Auswirkungen, die das Gedächtnis und die Wahrnehmung, die Stimmung und die allgemeine geistige Gesundheit verbessern können" (Newberg, 2011).

Da wir wissen, dass Rätsel, neue Fähigkeiten und Konzentrationsübungen den Alterungsprozess des Gehirns aufhalten können, solltest du dir bewusst machen, dass es in deinem Leben immer Raum für Wachstum und Entwicklung gibt. Während du vielleicht davon ausgehst, dass du ein Experte auf einem Gebiet bist, das du jahrelang geübt hast, solltest du dich von dieser fixen Denkweise lösen und verstehen, dass du in jedem Alter neue Ideen zu einem Thema lernen kannst.

Wenn sich jemand auf ein realistisches Ziel konzentriert, bleibt er motiviert, dieses Ziel zu erreichen. Wenn wir älter werden, können wir unsere Ziele immer wieder anpassen, aber überlege dir, wie du in fünf, zehn oder sogar zwanzig Jahren aussehen und dich fühlen willst, und konzentriere dich auf Ziele, die dir helfen, deine Ziele zu erreichen. Auf unserem Weg zum Ziel lernen wir mehr über uns selbst und andere und entscheiden vielleicht sogar, dass wir unseren Zeitplan oder unsere Achtsamkeitsübungen komplett ändern wollen, damit sie zu unserem Lebensstil passen. Während die Konzentration auf den gegenwärtigen Moment ein Hauptziel der Achtsamkeitsübungen ist, kann die Planung unseres zukünftigen Erfolgs und unserer Entwicklung uns in dem Wunsch bestärken, achtsam zu bleiben.

Achtsamkeit aufrechterhalten

Jemand, der mit dem Konzept der Achtsamkeitspraktiken und ihrer Wirkung nicht so vertraut ist, könnte den Eindruck haben, dass sie Zeitverschwendung sind oder dass es im Laufe des Tages zu viel zu tun gibt, um Achtsamkeitspraktiken anzuwenden. Vielleicht halten sie manche Praktiken für zu "neuzeitlich", obwohl sie in Wirklichkeit schon seit Jahrhunderten von diesen Praktiken profitieren. Auch wenn es wichtig ist, Kontakte zu knüpfen und sich mit anderen auszutauschen, solltest du nie zulassen, dass jemand die Achtsamkeitsübungen lächerlich macht, die dir helfen, dich zu entspannen oder dich auf den Tag vorzubereiten.

Achtsam zu sein bedeutet, dass *du* dein Leben kontrollierst. Du entwickelst die Fähigkeit, Ideen sanft und einfach zu dir und von dir weg zu lassen. Die Gedanken, die dich früher vielleicht gestresst haben, sind jetzt einfach Ideen, die du objektiv beobachten und zu gegebener Zeit entscheiden kannst. Um das oben (in Kapitel 6) erwähnte Zitat von Dr. Viktor Frankl zu paraphrasieren und anzuwenden: Achtsamkeit ermöglicht es dir, den Raum zwischen Reiz und Reaktion zu finden, und gibt dir die Freiheit, deine Entscheidung zu treffen.

Wir können zwar nicht alles kontrollieren, was im Leben passiert, aber wir können achtsamere Entscheidungen treffen, um sicherzustellen, dass wir uns um uns selbst kümmern, sowohl körperlich als auch geistig. Regelmäßige Vorsorgeuntersuchungen, Gespräche mit deinem Arzt oder Therapeuten über Stress oder Sorgen und die Planung von Selbstfürsorge-Aktivitäten im Laufe des Tages sind einige grundlegende Möglichkeiten, wie du proaktiv für dein Wohlbefinden sorgen kannst (Brettingen, 2022).

Natürlich können Hobbys oder Aktivitäten, an denen du bereits teilnimmst, dein Gehirn aktiv und wach halten, aber versuche, neue Interessen zu finden, die deinen Geist in Schwung bringen. Schließe dich Gruppen an, die es dir ermöglichen, deiner Gemeinschaft etwas zurückzugeben, dich ehrenamtlich zu engagieren und etwas in deiner Welt zu bewirken. Diese Art von Engagement hat den zusätzlichen Vorteil, dass du dich mit der Arbeit, die du tust, und mit der Art und Weise, wie du deine Zeit verbringst, zufrieden fühlst. Die Teilnahme an solchen Aktivitäten kann auch eine gute Möglichkeit sein, Gleichgesinnte zu treffen, die genauso viel Spaß an achtsamen Praktiken haben wie du!

Was deine Zukunft bereithält

Da wir nie genau wissen, was unsere Zukunft für uns bereithält, ist es hilfreich, gesunde Wege zu finden, uns auszudrücken und Stress abzubauen, damit wir mit allem, was auf uns zukommt, umgehen können. Mit achtsamen Praktiken können wir immer für positive Ergebnisse planen und sind auch auf Überraschungen vorbereitet. Wenn du zu den Menschen gehörst, die gerne jede Minute ihres Tages im Blick haben, kannst du mit einer Achtsamkeitsübung wie einer zehnminütigen Meditation abschalten und Stress abbauen, während du offen für das Unbekannte bleibst. Angenommen, du bist entspannt und erledigst die Aufgaben deiner Woche ganz locker. In diesem Fall kann dir Achtsamkeit die Möglichkeit geben, das, was du hast, zu schätzen und dankbar dafür zu sein, wie du dich verhältst. Die Quintessenz ist, dass Achtsamkeitspraktiken nicht nur für einen bestimmten *Typus von* Menschen geeignet sind, sondern für *jeden* Menschen, der davon profitieren kann.

Indem du dich selbst mit Freundlichkeit behandelst, veränderst du die Art und Weise, wie dein Gehirn die Welt sieht. Diesen Effekt wirst du höchstwahrscheinlich als einen der ersten Vorteile der Achtsamkeitspraxis bemerken. Wenn du dir Zeit für deine Selbstfürsorge nimmst, hast du nicht nur etwas, auf das du dich freuen kannst, sondern du trainierst auch dein Gehirn darauf, Achtsamkeit zu praktizieren und sie in deine neue Denkweise einzubauen. "Wir wissen, dass die Vorfreude auf etwas Positives dazu beiträgt, den Dopaminspiegel im Gehirn aufrechtzuerhalten... Allein die Vorstellung, etwas Gutes zu erwarten, kann die Gehirnchemie so verändern, dass du dich glücklich fühlst" (Volpe, 2020). Fange an, die einfachen Momente in deinem Leben zu genießen und freue dich auf deine achtsame Zukunft.

Die wichtigsten Erkenntnisse

Jetzt, wo wir am Ende unserer Erkundung der positiven Auswirkungen von Achtsamkeit auf das Gehirn angelangt sind, lade ich dich ein, dein Verständnis weiter zu vertiefen, indem du Übungen anwendest und Zeit für deinen achtsamen Weg einplanst. Wenn du dir eine Routine für Achtsamkeit einrichtest, machst du sie zu einer Priorität und zeigst damit auch anderen, dass du die Gelegenheit für Achtsamkeitsübungen schätzt. Um dich dabei noch weiter zu unterstützen, habe ich im Anhang Bonusinhalte bereitgestellt.

- Studien, die die Auswirkungen von Achtsamkeit auf Schul- und Gemeindegruppen messen, stellen fest, dass Praktiken wie Yoga, Meditation und tiefes Atmen einen positiven Effekt auf junge Kinder zu haben scheinen.

- Mit zunehmendem Alter helfen achtsame Praktiken, das Gedächtnis, die Konzentration und die Selbstwahrnehmung zu verbessern und zu erhalten.

- Weiteres Lernen stimuliert Teile des Gehirns und setzt gesunde Chemikalien frei, die für positivere Stimmungen und Gefühle sorgen.

- Achtsame Entscheidungen für unseren Körper und unsere Gesundheit stellen sicher, dass wir uns weiterhin proaktiv um uns selbst kümmern.

Alles Neue zu lernen erfordert Engagement und Anstrengung, aber Achtsamkeit ist eine Praxis, die zu einer natürlichen Lebensweise werden kann, indem wir sie einfach in unseren Tag einbauen. Sie muss nicht viel Zeit in Anspruch nehmen und ihre Wirkung wird uns den ganzen Tag über produktiver machen.

Fazit

So oft nehmen sich Menschen nicht die Zeit, zu verstehen und darüber nachzudenken, wie sie ihr Leben mit einfachen Veränderungen verbessern können. Ich fordere dich heute auf und ermutige dich, die Arbeit, die du in diesem Buch geleistet hast, zu verarbeiten, denn ob du es merkst oder nicht, du hast bereits sehr viel getan. Du hast die Initiative ergriffen, um mehr über dich selbst zu erfahren und wie du deine Gehirngesundheit verbessern kannst.

Wie bereits erwähnt, ist der Effekt gering, wenn du dir zu viel auf einmal vornimmst, denn dann wirst du wahrscheinlich schnell ausbrennen und zu früheren Verhaltensweisen zurückkehren. Anstatt zu versuchen, alle Ideen aus diesem Buch gleichzeitig in deinem Leben umzusetzen, möchte ich, dass du dir eine Übung oder Technik ausdenkst, die du heute ausprobierst und die sich für dich beruhigend und wohltuend anfühlt. Da dein Gehirn mit seiner erstaunlichen Neuroplastizität in der Lage ist, sich anzupassen und auf neue Weise zu reagieren, solltest du dir Techniken überlegen, die dieses unglaubliche Organ sowohl herausfordern als auch beruhigen können.

Was steht als Nächstes für dich an?

Denke daran, dass dies dein "Jahr der Achtsamkeit" sein kann, das jetzt beginnt. Nutze die Listen am Ende der Kapitel, um dein Gehirn und deinen Körper zu beruhigen und dich in deine nächste Phase des Experimentierens mit achtsamen Praktiken zu führen. Das Ende dieses Buches bedeutet nicht das Ende deiner Achtsamkeitsreise. Sieh es stattdessen als eine Einladung, die nächsten Schritte zu gehen. Mit den Bonusinhalten im Anhang kannst du dein Achtsamkeitsabenteuer weiterverfolgen und mit spannenden Übungen beginnen, die die Gehirnfunktion anregen und das Gedächtnis verbessern.

Wenn du immer noch daran zweifelst, ob du die Energie hast, ein achtsamerer Mensch zu werden, bedenke Folgendes. *Du* bist die einzige Person, die deine nächsten Schritte kontrolliert. Ja, wahrscheinlich wirst du im Laufe deines Tages in viele verschiedene Richtungen gezogen und es kann sich schwierig anfühlen, das alles unter einen Hut zu bringen, aber wenn du achtsame Praktiken anwendest, wirst du wahrscheinlich bessere kognitive Funktionen, ein gestärktes Immunsystem und einen besseren Schlaf haben, um das alles zu bewältigen. Außerdem wird dir der Stressabbau, den du erfährst, wenn du dich in einen Zustand der Achtsamkeit begibst, immer vertrauter werden, je länger du die verschiedenen Techniken anwendest.

Dein Gehirn ist eine Bank, und achtsame Übungen sind die kleinen Einzahlungen, die du machst und die sich mit der Zeit auszahlen werden. Warte nicht, bis du unglaublich gestresst bist, um eine Achtsamkeitsübung zu machen. Erschaffe achtsame Gelegenheiten an guten und an schlechten Tagen. Ich wage zu vermuten, dass du sowohl an geschäftigen als auch an friedlichen Tagen von ruhigen Momenten profitieren wirst. Erwäge, jeden Morgen mit der Zuversicht aufzuwachen, die notwendige Selbstfürsorge zu praktizieren, achtsam zu essen und täglich bewusste Entscheidungen zu treffen. Achtsamkeit verändert wirklich das Leben und mit Hilfe dieses Buches hast du jetzt Hunderte von Ideen, auf die du zurückgreifen kannst, wenn du eine schnelle Maßnahme brauchst, um dich zu beruhigen.

Egal, ob du ein Elternteil bist, das seine Energie aufladen und sein Kind mit achtsamen Praktiken inspirieren möchte, ein Sportler, der hofft, sich besser konzentrieren zu können, oder ein Angestellter, der jeden Tag hart arbeitet und Zufriedenheit mit seiner Produktivität empfinden möchte - die achtsamen Botschaften, die ich weiterhin vermitteln werde, werden dir neue und ansprechende Methoden der Achtsamkeit für die Gesundheit deines Gehirns ermöglichen.

Ich möchte dich bitten, dir einen Moment Zeit zu nehmen. Wenn dir die Erkenntnisse, Strategien und das Wissen in diesem Buch gefallen haben, würde ich mich sehr freuen, wenn du eine Rezension hinterlassen würdest. Deine Gedanken und dein Feedback sind von unschätzbarem

Wert, und ich lese alle deine Kommentare und Bewertungen. Sie inspirieren mich nicht nur dazu, weiterhin Inhalte zu erstellen, die von Bedeutung sind, sondern helfen auch anderen Leserinnen und Lesern, fundierte Entscheidungen für ihre Lektüre zu treffen. Deine Rezension ist eine kleine Geste, die eine große Wirkung haben kann. Dankeschön

Ich wünsche dir, dass du mit dem, was du begonnen hast, positiv weitermachst. Die achtsame Anstrengung, an der du jetzt arbeitest, wird sich an Tagen auszahlen, an denen du dich erschöpft und frustriert fühlst. An solchen Tagen wirst du wissen, wie du dir die Zeit nehmen kannst, die du brauchst, um die Energie deines Geistes aufzufrischen. Genieße dieses neue Abenteuer und bleibe offen für die Möglichkeiten!

Kannst du bitte helfen?

Nochmals vielen Dank, dass du dieses Buch gelesen hast!

Buchrezensionen machen den Unterschied für die Auffindbarkeit von Büchern aus.

Ich würde mich freuen, wenn du deine Meinung mit einer kurzen Rezension auf Amazon kundtust.

Ich weiß das sehr zu schätzen und werde deine Rezensionen lesen.

Die folgenden QR-Codes oder Links führen dich direkt zur Rezensionsseite auf deinem jeweiligen Amazon-Marktplatz:

Amazon.de/review/create-review?&asin=1738558150

Anhang

Für **kostenlose Audioguides zu geführten Achtsamkeitsübungen** registriere dich bitte über den folgenden Link oder den QR-Code unten

bit.ly/mindfulness-book-bonuses

Glossar

- **Amygdala:** Der kleine Teil des Gehirns, der dabei hilft, riskante Situationen zu erkennen und Gefühle, Verhalten und Wissen zu kontrollieren.

- **Body Scanning:** Eine achtsame Praxis, die den Stressabbau fördert, indem sie sich konzentriert auf entspannende Teile des Körpers konzentriert.

- **Hirnstamm:** Der Bereich des Gehirns, der Nachrichten an den Rest des Körpers übermittelt, da er das Gehirn mit dem Rückenmark verbindet.

- **Kleinhirn:** Der Teil des Gehirns, der die Muskelfunktion unterstützt, befindet sich im hinteren Teil des Gehirns, in der Nähe des Rückenmarks.

- **Großhirn:** Der größte Teil des Gehirns, der für das Verhalten, die Sprache und die Verknüpfung von Sinneseindrücken zuständig ist.

- **Zirkadianer Rhythmus:** Der natürliche Körperrhythmus, der auf Hunger, Temperatur, Schlafzyklen und Hormonausschüttung reagiert. Dieser Rhythmus stellt während eines 24-Stunden-Tageszyklus Veränderungen in der Umgebung fest.

- **Episodisches Gedächtnis:** Die Fähigkeit, sich an bestimmte Ereignisse aus der Vergangenheit zu erinnern und sich die Details des Erlebnisses ins Gedächtnis zu rufen.

- **Frontaler Kortex/Lappen:** Der Teil des Gehirns, der dabei hilft, Pläne und Entscheidungen zu treffen, die auf der Fähigkeit basieren, Situationen zu beurteilen. Dieser Teil steuert auch die Aufmerksamkeit und Impulsivität einer Person.

- **Graue Substanz:** Das neuronale Gewebe des Gehirns, das Fasern zur Verarbeitung von Sprache, kognitiven Funktionen, Bewegung und Körperempfindungen enthält.

- **Hippocampus:** Dieser Bereich des Gehirns befindet sich im Schläfenlappen und ist für die Speicherung von Erinnerungen zuständig. Der Hippocampus ist einer der anfälligsten Bereiche für Gedächtnisverlust, wenn er durch neurologische Störungen oder ein physisches Trauma beschädigt wird.

- **Achtsamkeit:** Ein Zustand des Bewusstseins, der durch die Ausübung von beruhigenden Aktivitäten erreicht werden kann, die sich darauf konzentrieren, Gedanken und Gefühle von einem objektiven Standpunkt aus zu betrachten.

- **Achtsamkeitsbasiertes kognitives Training (MBCT):** Eine Therapieform, die sich auf achtsame Praktiken konzentriert, um das Bewusstsein zu verbessern. Diese Therapieform wird hauptsächlich zur Behandlung von Depressionssymptomen eingesetzt.

- **Neuroplastizität:** Die Fähigkeit des Gehirns, seine Synapsen zu verändern und neu zu verdrahten, je nachdem, wie es lernt oder sich an Situationen anpasst.

- **Neurotransmitter:** Chemikalien, die im Gehirn freigesetzt werden und Informationen an die Muskeln und das Nervensystem des Körpers weitergeben.

- **Nozizeption:** Die Fähigkeit des Nervensystems, Schäden am Körpergewebe zu verarbeiten oder extreme Temperaturen zu spüren.

- **Occipital-Lappen:** Der hintere Teil des Gehirns, der für die Gesichtserkennung und das visuelle Erkennen zuständig ist.

- **Schmerz-Wiederaufbereitungstherapie:** Eine Therapieform, die bei chronischen Schmerzen hilft, indem sie das Gehirn neu verdrahtet, damit es anders auf körperliche Schmerzen reagiert.

- **Scheitellappen:** Der obere Mittelteil des Gehirns, der Sinne und äußere Reize verarbeitet.

- **Präfrontaler Kortex:** Dieser Teil des Gehirns, der aus dem Frontallappen besteht, verarbeitet Emotionen und Verhalten und spielt eine Rolle bei kognitiven Funktionen.

- **Progressive Muskelentspannung (PMR):** Eine therapeutische Methode, die hilft, Stress, Kopfschmerzen, Verdauungsprobleme und andere chronische Probleme zu lindern, indem die Muskeln im ganzen Körper angespannt und wieder entspannt werden.

- **Synapse:** Der kleine Raum am Ende der Neuronen, der Nachrichten vom Gehirn an das Nervensystem weiterleitet.

- **Schläfenlappen:** Der untere Mittelteil des Gehirns, der für die Sprache, das Gedächtnis und die Verarbeitung von Emotionen zuständig ist.

Referenzen

Hinweis zu den Referenzen: Dieses Buch ist für die Öffentlichkeit geschrieben worden. Aus diesem Grund habe ich beschlossen, die Referenzen nicht nur auf akademische Arbeiten zu beschränken. Die hier aufgelisteten Referenzen und zusätzlichen Ressourcen umfassen daher auch Websites, die du auf deiner Reise vielleicht interessant oder hilfreich findest.

American Psychological Association. (2018, November 1). *Stress effects on the body.* American Psychological Association. https://www.apa.org/topics/stress/body

Ashar, Y. K., Gordon, A., Schubiner, H., Uipi, C., Knight, K., Anderson, Z., Carlisle, J., Polisky, L., Geuter, S., Flood, T. F., Kragel, P. A., Dimidjian, S., Lumley, M. A., & Wager, T. D. (2021). Effect of pain reprocessing therapy vs placebo and usual care for patients with chronic back pain. *JAMA Psychiatry*, *79*(1). https://doi.org/10.1001/jamapsychiatry.2021.2669

Atlas, L. Y., Dildine, T. C., Palacios-Barrios, E. E., Yu, Q., Reynolds, R. C., Banker, L. A., Grant, S. S., & Pine, D. S. (2022). Instructions and experiential learning have similar impacts on pain and pain-related brain responses but produce dissociations in value-based reversal learning. *ELife*, *11*, e73353. https://pubmed.ncbi.nlm.nih.gov/36317867/

Bahl, S., Milne, G. R., Ross, S. M., Mick, D. G., Grier, S. A., Chugani, S. K., Chan, S. S., Gould, S., Cho, Y.-N., Dorsey, J. D., Schindler, R. M., Murdock, M. R., & Boesen-Mariani, S. (2016). Mindfulness: Its transformative potential for consumer, societal, and environmental well-being. *Journal of Public Policy & Marketing*,

35(2), 198–210. https://www.jstor.org/stable/44164852?readnow=1&seq=2#page_scan_tab_contents

Bargh, J. A., & Morsella, E. (2008). The unconscious mind. *Perspectives on Psychological Science*, *3*(1), 73–79. https://www.ncbi.nlm.nih.gov/pmc/articles/PMC2440575/

Barnhofer, T. (2019). Mindfulness training in the treatment of persistent depression: Can it help to reverse maladaptive plasticity? *Current Opinion in Psychology*, *28*, 262–267. https://doi.org/10.1016/j.copsyc.2019.02.007

Baron Short, E., Kose, S., Mu, Q., Borckardt, J., Newberg, A., George, M. S., & Kozel, F. A. (2010). Regional brain activation during meditation shows time and practice effects: An exploratory FMRI study. *Evidence-Based Complementary and Alternative Medicine*, *7*(1), 121–127. https://doi.org/10.1093/ecam/nem163

Batson, J. (2021). *Workplace stress - The American Institute of Stress*. The American Institute of Stress. https://www.stress.org/workplace-stress

Bernstein, A., Vago, D. R., & Barnhofer, T. (2019). Understanding mindfulness, one moment at a time: An introduction to the special issue. *Current Opinion in Psychology*, *28*, vi–x. https://doi.org/10.1016/j.copsyc.2019.08.001

Brahm Centre. (2020, August 31). *Neuroplasticity - how mindfulness reshapes the brain | Dr Sara Lazar*. Youtube.com. https://www.youtube.com/watch?v=wP9X6QIaflU

Boys Town National Hotline. (n.d.). *10 ways to stay grounded*. Your Life Your Voice. Retrieved January 17, 2024, from https://www.yourlifeyourvoice.org/pages/10-ways-to-stay-grounded.aspx

Brahm Centre. (2020, August 31). *Neuroplasticity - how mindfulness reshapes the brain | Dr Sara Lazar.* Youtube.com. https://www.youtube.com/watch?v=wP9X6QIaflU

Brettingen, P. J. (2022, August 30). *How to age gracefully by changing your mindset.* DailyOM. https://www.dailyom.com/journal/how-to-age-gracefully-by-changing-your-mindset/

Broadway, K. (2023, May 25). *The benefits of mindfulness for student-athletes | NCSA.* Ncsasports.org. https://www.ncsasports.org/blog/benefits-of-mindfulness-for-athletes

Brown, K. W., Goodman, R. J., Ryan, R. M., & Anālayo, B. (2016). Mindfulness enhances episodic memory performance: Evidence from a multimethod investigation. *PLOS ONE, 11*(4), e0153309. https://doi.org/10.1371/journal.pone.0153309

Campbell, L. (2016, May 17). *Personal boundaries: Types and how to set them.* Psych Central. https://psychcentral.com/relationships/what-are-personal-boundaries-how-do-i-get-some

Celestine, N. (2020, August 15). *What is mindful breathing? Exercises, scripts and videos.* PositivePsychology.com. https://positivepsychology.com/mindful-breathing/

Corporate Wellness Magazine. (n.d.). *Workplace stress: A silent killer of employee health and productivity.* Corporatewellnessmagazine.com. https://www.corporatewellnessmagazine.com/article/workplace-stress-silent-killer-employee-health-productivity

Cunningham, C., Kashino, M. M., & Phillips, H. G. (2018, January 18). *10 easy ways to make your home more peaceful.* Washingtonian.

https://www.washingtonian.com/2018/01/18/10-easy-ways-to-make-your-home-more-peaceful/

Damasio, A. R. (1999). How the brain creates the mind. *Scientific American, 281*(6), 112–117. https://www.jstor.org/stable/26058529

Dobbs, I. (2018, March 4). *Neuroplasticity*. Science for Sport. https://www.scienceforsport.com/neuroplasticity

Dunne, J. D., Thompson, E., & Schooler, J. (2019). Mindful meta-awareness: Sustained and non-propositional. *Current Opinion in Psychology, 28*, 307–311. https://doi.org/10.1016/j.copsyc.2019.07.003

Eby, S. (2023, June 5). *Hydration tips for athletes | Mass general Brigham*. Massgeneralbrigham.org. https://www.massgeneralbrigham.org/en/about/newsroom/articles/tips-for-staying-hydrated

Garey, J. (2023, November 6). *Practice mindful parenting | mindfulness techniques*. Child Mind Institute. https://childmind.org/article/mindful-parenting-2/

Gehl, M., & Bohlander, A. H. (2018). Being present: Mindfulness in infant and toddler settings. *YC Young Children, 73*(1), 90–92. https://www.jstor.org/stable/90019488

Giles, J. (2019). Relevance of the no-self theory in contemporary mindfulness. *Current Opinion in Psychology, 28*, 298–301. https://doi.org/10.1016/j.copsyc.2019.03.016

Grant, J. A., & Zeidan, F. (2019). Employing pain and mindfulness to understand consciousness: A symbiotic relationship. *Current*

Opinion in Psychology, *28*, 192–197. https://doi.org/10.1016/j.copsyc.2018.12.025

Hamm, K (2023, March 23). How parents' smartphone use affects their kids. https://www.universityofcalifornia.edu/news/how-parents-smartphone-use-affects-their-kids

Hartfiel, N., Havenhand, J., Khalsa, S. B., Clarke, G., & Krayer, A. (2011). The effectiveness of yoga for the improvement of well-being and resilience to stress in the workplace. *Scandinavian Journal of Work, Environment & Health*, *37*(1), 70–76. https://www.jstor.org/stable/40967889

Harvard School of Public Health. (2020, September 14). *Mindful eating*. The Nutrition Source. https://www.hsph.harvard.edu/nutritionsource/mindful-eating/

Harvard T.H. Chan School of Public Health. (2019, August 21). *Packing a healthy lunchbox*. The Nutrition Source. https://www.hsph.harvard.edu/nutritionsource/kids-healthy-lunchbox-guide

Henriksen, K. (2022). The magic of mindfulness in sport. *Frontiers for Young Minds*, *10*. https://doi.org/10.3389/frym.2022.683827

Herz, R. (2016). The role of odor-evoked memory in psychological and physiological health. *Brain Sciences*, *6*(3), 22. https://doi.org/10.3390/brainsci6030022

Hölzel, B. K., Carmody, J., Vangel, M., Congleton, C., Yerramsetti, S. M., Gard, T., & Lazar, S. W. (2011). Mindfulness practice leads to increases in regional brain gray matter density. *Psychiatry Research: Neuroimaging*, *191*(1), 36–43. https://doi.org/10.1016/j.pscychresns.2010.08.006

Hölzel, B. K., Lazar, S. W., Gard, T., Schuman-Olivier, Z., Vago, D. R., & Ott, U. (2011). How does mindfulness meditation work? Proposing mechanisms of action from a conceptual and neural perspective. *Perspectives on Psychological Science, 6*(6), 537–559. https://www.jstor.org/stable/41613530

Hougaard, R., & Carter, J. (2016, March 4). *How to practice mindfulness throughout your work day*. Harvard Business Review. https://hbr.org/2016/03/how-to-practice-mindfulness-throughout-your-work-day

Ivey, P., McGuire, R., & Lattner, A. (2015, July 29). *Mind over matter*. Training & Conditioning. https://training-conditioning.com/article/mind-over-matter-d36/

Jiménez-Picón, N., Romero-Martín, M., Ponce-Blandón, J. A., Ramirez-Baena, L., Palomo-Lara, J. C., & Gómez-Salgado, J. (2021). The relationship between mindfulness and emotional intelligence as a protective factor for healthcare professionals: Systematic review. *International Journal of Environmental Research and Public Health, 18*(10), 5491. https://doi.org/10.3390/ijerph18105491

Johns Hopkins Medicine. (2022). *Brain anatomy and how the brain works*. Hopkinsmedicine.org. https://www.hopkinsmedicine.org/health/conditions-and-diseases/anatomy-of-the-brain

Kabat-Zinn, J. (1994). *Wherever you go, there you are: Mindfulness meditation in everyday life*. Hyperion.

Kabat-Zinn, J. (2013). *Full catastrophe living: Using the wisdom of your body and mind to face stress, pain, and illness*. Bantam Books.

Katella, K. (2022, May 31). *How to be more resilient: 8 strategies for difficult times*. Yale Medicine. https://www.yalemedicine.org/news/resilience-strategies-pandemic

Kraemer, K. M., Jain, F. A., Mehta, D. H., & Fricchione, G. L. (2022). Meditative and mindfulness-focused interventions in neurology:

Principles, science, and patient selection. *Seminars in Neurology, 42*(02), 123–135. https://doi.org/10.1055/s-0042-1742287

Kylie, U. (2018, February 22). *The unconscious brain - finding clarity during unconsciousness.* Michiganmedicine.org. https://www.michiganmedicine.org/health-lab/what-happens-brain-during-unconsciousness

Maldonado, K. A., & Alsayouri, K. (2023). *Physiology, brain.* PubMed; StatPearls Publishing. https://www.ncbi.nlm.nih.gov/books/NBK551718/

Marie, S. (2022, March 25). *All about mindful parenting.* Psych Central. https://psychcentral.com/health/mindful-parenting#definition

Mayo Clinic. (2021, February 4). *Traumatic brain injury - symptoms and causes.* Mayo Clinic. https://www.mayoclinic.org/diseases-conditions/traumatic-brain-injury/symptoms-causes/syc-20378557

Mayo Clinic. (2021, March 24). *Stress management.* Mayo Clinic; Mayo Clinic. https://www.mayoclinic.org/healthy-lifestyle/stress-management/in-depth/stress-symptoms/art-20050987

Miller, J. (2014). Roll model: a step-by-step guide to erase pain, improve mobility, and live better in your body. Victory Belt Publishing

Miller, J. (2023). Body by breath: the science and practice of physical and emotional resilience. Victory Belt Publishing.

Newberg, A. B. (2011). Spirituality and the aging brain. *Generations: Journal of the American Society on Aging, 35*(2), 83–91. https://www.jstor.org/stable/26555779

Pacheco, D., & Callender, E. (2021, January 15). *Bedtime routines for children.* Sleep Foundation.

https://www.sleepfoundation.org/children-and-sleep/bedtime-routine

Puderbaugh, M., & Emmady, P. D. (2023). *Neuroplasticity*. PubMed; StatPearls Publishing. https://www.ncbi.nlm.nih.gov/books/NBK557811/

R. Morgan Griffin. (2010, May 11). *10 health problems related to stress that you can fix*. WebMD; WebMD. https://www.webmd.com/balance/stress-management/features/10-fixable-stress-related-health-problems

Raio, C. M., Orederu, T. A., Palazzolo, L., Shurick, A. A., & Phelps, E. A. (2013). Cognitive emotion regulation fails the stress test. *Proceedings of the National Academy of Sciences, 110*(37), 15139–15144. https://doi.org/10.1073/pnas.1305706110

Regan, S. (2023, July 26). *21 grounding techniques to try the next time you feel stressed out*. Mindbodygreen. https://www.mindbodygreen.com/articles/how-to-ground-yourself

Reid, M. C., Eccleston, C., & Pillemer, K. (2015). Management of chronic pain in older adults. *BMJ: British Medical Journal, 350*. https://www.jstor.org/stable/26518254

Rupprecht, S., Koole, W., Chaskalson, M., Tamdjidi, C., & West, M. (2019). Running too far ahead? Towards a broader understanding of mindfulness in organisations. *Current Opinion in Psychology, 28*, 32–36. https://doi.org/10.1016/j.copsyc.2018.10.007

Segal, Z. V., Williams, J. M. G., & Teasdale, J. D. (2002). Mindfulness-based cognitive therapy for depression: A new approach to preventing relapse. Guilford Press.

Segal, J., Smith, M., Robinson, L., & Shubin, J. (2023, February 28). *Improving emotional intelligence (EQ)*. HelpGuide.

https://www.helpguide.org/articles/mental-health/emotional-intelligence-eq.htm

Semeco, A. (2017). *20 simple ways to fall asleep as fast as possible.* Healthline. https://www.healthline.com/nutrition/ways-to-fall-asleep

Sevinc G, Hölzel BK, Hashmi J, Greenberg J, McCallister A, Treadway M, Schneider ML, Dusek JA, Carmody J, Lazar SW (2018). Common and Dissociable Neural Activity After Mindfulness-Based Stress Reduction and Relaxation Response Programs. Psychosom Med, 80(5):439-451. doi: 10.1097/PSY.0000000000000590.

Sivadas, A., & Broadie, K. (2020). How does my brain communicate with my body? *Frontiers for Young Minds*, *8*(540970). https://doi.org/10.3389/frym.2020.540970

Straw, E. (2023, May 29). *Visualization techniques for athletes-Success starts within.* Successstartswithin.com. https://www.successstartswithin.com/blog/visualization-techniques-for-athletes

Tang, Y.-Y. ., Lu, Q., Fan, M., Yang, Y., & Posner, M. I. (2012). Mechanisms of white matter changes induced by meditation. *Proceedings of the National Academy of Sciences*, *109*(26), 10570–10574. https://doi.org/10.1073/pnas.1207817109

Toussaint, L., Nguyen, Q. A., Roettger, C., Dixon, K., Offenbächer, M., Kohls, N., Hirsch, J., & Sirois, F. (2021). Effectiveness of progressive muscle relaxation, deep breathing, and guided imagery in promoting psychological and physiological states of relaxation. *Evidence-Based Complementary and Alternative Medicine*, *2021*(1), 1–8. https://doi.org/10.1155/2021/5924040

Valluri, J., Gorton, K., & Schmer, C. (2024). Global meditation practices: A literature review. *Holistic Nursing Practice*, *38*(1), 32–40. https://doi.org/10.1097/HNP.0000000000000626

Volpe, A. (2020, December 29). *Science says you need to plan some things to look forward to.* Vice.com.

https://www.vice.com/en/article/7k9wvb/science-says-you-need-future-plans-to-look-forward-to-during-pandemic

Walker, M. P. (2006). Sleep to remember: The brain needs sleep before and after learning new things, regardless of the type of memory. naps can help, but caffeine isn't an effective substitute. *American Scientist*, *94*(4), 326–333. https://www.jstor.org/stable/27858801

Walker, M. P. (2018). *Why we sleep*. Penguin Books.

Wein, H. (2021, March 29). *Good sleep for good health*. NIH News in Health. https://newsinhealth.nih.gov/2021/04/good-sleep-good-health

Wong SH, Pontillo G, Kanber B, Prados F, Wingrove J, Yiannakas M, Davagnanam I, Gandini Wheeler-Kingshott CAM, Toosy AT (2024). Visual Snow Syndrome Improves With Modulation of Resting-State Functional MRI Connectivity After Mindfulness-Based Cognitive Therapy: An Open-Label Feasibility Study. J Neuroophthalmol, 44(1):112-118. doi: 10.1097/WNO.0000000000002013

Zelazo, P. D., & Lyons, K. E. (2011). Mindfulness training in childhood. *Human Development*, *54*(2), 61–65. https://www.jstor.org/stable/26764991

Bilder Referenzen

Die Illustrationen am Ende jedes Kapitels habe ich mit Midjourney www.midjourney.com erstellt und bin dankbar für dieses Tool, das mir geholfen hat, meine Vision für diese Bilder zu verwirklichen.

www.ingramcontent.com/pod-product-compliance
Lightning Source LLC
Chambersburg PA
CBHW072007070526
44583CB00015B/1369